보훈,
평화로의 길

보훈공단
보훈교육연구원
보훈문화총서
13

보훈,
평화로의 길

보훈교육연구원·강원대학교 통일강원연구원 기획
이찬수 서운석 임수진 허지영 이동기 강혁민 지음

좋아 보시는사람들

보훈, 우리 모두의 것이기 위하여

　보훈은 대한민국의 독립, 호국, 민주를 위한 희생과 공헌에 대한 국가적 차원의 보답이자 그 정신을 선양하는 행위이다.(「국가보훈기본법」 제1조, 제3조) 보답과 선양으로 국민 통합과 국가 발전에 기여한다는 것이 보훈의 기본 이념이자 근본 목적이다.(제2조) 국가를 위한 '희생'과 '공헌'에 대한 '보답', 정신의 '선양', 그로 인한 '국민 통합'이 보훈을 이해하는 열쇳말인 셈이다.

　이때 국민 통합은 모든 국민이 동일한 의견을 지니고 획일적으로 행동한다는 뜻이 아니다. 한국 보훈의 역사에서 희생과 공헌에 대한 기억과 그것이 파생시키는 의미들의 층위는 다양하고 스펙트럼도 넓다. 국민 모두가 보훈에 대한 단일한 생각을 가지고 있지도 않다. 이런 상황에서 특정 태도나 이념을 일방적으로 주입하려다가 자칫 다른 생각과 갈등하며 충돌하게 될 수도 있다. 보훈이 자칫하면 사회 갈등의 계기가 될 수도 있다는 말이다.

가령 일제강점기 '항일' 독립운동가들을 국가유공자로 예우하는 행위의 이면에는 '친일' 세력은 청산되어야 한다는 요청이 들어 있지만, 친일이 불가피한 현실이라 생각하며 살아온 이들을 중심으로 친일도 한국 역사의 일부가 되었다. 해방 이후에도 이 문제를 제대로 청산하지 못하면서 이는 여전히 사회적 갈등의 한 원인으로 작용하기도 한다.

한국인의 '호국' 이념에는 북한 및 공산주의를 적대하며 전쟁까지 했던 경험이 녹아 있어서, 호국주의자들에게 북한을 포용하려는 자세는 위험스러운 이적행위처럼 여겨지곤 한다. 그렇다고 해서 좁은 의미의 호국주의에 머물면 그 역시도 사회 갈등을 야기하고 국민 통합을 저해하는 요인이 될 수 있다.

'민주'도 독재라는 대항세력을 전제하지만, 민주든 독재든 모두 한국인이 한국의 역사 안에서 경험해 온 일일뿐더러, 나아가 민주에 대한 이해조차 진보냐 보수냐에 따라 다를 때가 많다. 그러다보니 같은 민주의 이름으로 '민주공화주의'와 '자유민주주의'가 부딪히기도 한다. 독립, 호국, 민주에 대한 자기중심적 목적

의식과 정치적 작동 방식 등이 복잡하게 얽혀 있거나 때로는 충돌하면서 국민 통합이라는 보훈의 이념과 목적을 어려운 과제로 만들곤 하는 것이다.

그동안 보훈과 관련한 이러한 심층적 문제의식이 공론의 장으로 충분히 나오지 못했다. 국가가 독립, 호국, 민주의 정신과 가치를 주도적으로 계승하면서도 마치 이들이 별개의 것인 양 따로따로 교육하고 선양하는 경향이 컸다. 이들을 유기적으로 연계시키기 위한 노력은 상대적으로 적었다. 그러다 보니 국민은 국민대로 보훈이 국민 통합에 기여한다는 생각을 할 수 있는 기회를 제대로 갖지 못했다. 보훈 정책 및 보훈의 문화화에 책임이 있는 이들이 보훈에 얽힌 심층적 문제의식을 더 분명히 하면서 보훈이 국민 속으로 들어가도록 해야 할 뿐만 아니라, 국민이 보훈에 대해 자발적이고 긍정적으로 생각할 수 있도록 더 많은 기회를 만들어내야 하는 것이다.

제일 좋기로는 보훈에 대한 국가와 국민의 생각 간에 공감대를 확대시키는 것이다. 그러려면 국민이 보훈의 진정한 통합적 가치에 대해 생각할 수 있는 기회를 자주 만들어야 한다. 그리고 국가는 국민의 생각을 존중하고 다양한 생각을 조화시키며 적절히 포용해야 한다. 국가는 독립, 호국, 민주라는 가치의 유기적 관계성을 설득력 있게 정책에 담아내고 보훈 연구자들은 따뜻한 철학으로 이를 뒷받침해야 한다. 특정 정권이나 이념을 위해서가 아니라, 공정한 사회의 건설과 건전한 국민 통합을 위해서이다.

물론 정부(국가보훈처)에서는 오랫동안 이와 관련한 다양한 정책을 펼쳐 왔다. 가령 오랜 군복무로 국가안보에 기여한 제대군인에 대한 지원을 강화하고, 다양한 보훈대상자들이 어디서든 불편 없이 진료 받을 수 있도록 한국보훈복지의료공단 산하 보훈 종합병원들과 연계하는 '위탁병원'을 지역 곳곳에 확대하고 있다. 국가유공자와 보훈보상대상자를 위한 복지와 의료 정책에 인공지능과 빅데이터를 활용하기도 한다.

그러면서 보훈의 방향을 순국선열, 애국지사, 전몰군경, 전상군경 등 전통적인 국가유공자들을 예우하되(「국가유공자예우등에관한법률」제4조), 민주유공자와 사회공헌자는 물론 '국가사회발전특별공로자'와 같은, 시민의 일상생활에 좀 더 어울리는 유공자들을 적극 발굴하겠다는 의지를 표명하기도 한다. 이 모두 보훈대상자들을 연결고리로 국가와 국민을 연결시키겠다는 문제의식의 발로라고 할 수 있다. 현 정부에서 "든든한 보훈"을 슬로건으로 내걸고 있는 이유이다.

"따뜻한 보훈"을 모토로 한 적도 있다. 현장과 사람 중심의 보훈을 기반으로 국민과 함께 미래를 여는 정책을 펼치겠다는 것이었다. 모두 적절한 슬로건과 모토이다. 어떤 슬로건이든 국가유공자-국민-국가가 서로 연결되고 순환하는 체계를 만들어나가겠다는 취지에서 서로 통한다. 어떻게 하든 희생과 아픔에 대한 인간의 원천적 공감력에 호소하면서 국민 혹은 시민사회가 보훈을 자신의 과제로 삼을 수 있는 바탕을 다져 가는 일이 중요하다.

가장 근본적인 것은 어떤 종류의 것이든 희생이 더 이상 나오지 않는 사회를 만들어 가는 일이다. 만일 국가와 사회를 위한 능동적 희생자가 발생하는 경우에는 국가와 국민이 더 보답하고 계속 기억할 수 있는 문화를 조성해 가는 일이다. 그러려면 보훈이 흔히 상상할 수 있는 전쟁 중심의 이미지에 머물지 말고, 국민 한 사람 한 사람의 일상적 정서에 와 닿을 평화 지향의 보훈으로 계속 전환해 가야 한다. 국경 중심의 근대 민족국가의 범주에 갇히지 말고 보훈의 이름으로 인간의 아픔에 공감할 줄 아는 보편적 인류애에 호소하며 그 범주를 넓혀 가야 한다. 그렇게 세계가 축복할 수 있을 보훈 정책의 모델을 한반도에서 만들어내야 한다.

그동안 보훈 관련 각종 정책 보고서는 제법 많았다. 그러나 대부분 일반인의 손에는 닿을 수 없는 전문가의 책상과 행정부서 깊은 곳에 머물렀다. 보훈의 역사, 이념, 의미, 내용 등을 국민적 눈높이에서 정리한 대중적 단행본은 극소수였다.

　이러한 현실을 의식하며 보훈교육연구원에서 일반 국민이 쉽게 접근할 수 있도록 대중적 차원의 「보훈 문화총서」를 기획하고 지속적으로 출판하고 있다. 국가와 국민 사이에 보훈에 대한 공감대를 만들고 넓히기 위한 기초를 다지는 일이라고 할 수 있다. 더 많은 이들이 이 총서를 읽고 보훈이 우리 모두와 연결된, 우리 모두의 것이라는 의식이 더 확대되면 좋겠다. 총서가 보훈을 무덤덤한 '그들'만의 이야기가 아니라 '우리'의 따뜻한 이야기로 이끄는 계기가 되면 좋겠다. 보훈도 결국 인간의 아픔과 아픔에 대한 공감의 문제라는 사실을 인식하면서 인간의 얼굴을 한 따뜻하고 든든한 보훈 문화가 형성되어 가면 좋겠다.

2021년 12월

보훈교육연구원장　이찬수

보훈, 평화로의 길

보훈의 뒤안길

삼각뿔 보훈
: 독립-호국-민주의 조화와 국민 통합의 논리

이찬수_보훈교육연구원

1. 들어가는 말

1) 보훈이라는 것

보훈이란 무엇인가? 「국가보훈기본법」(2005, 이하 「기본법」)에 따라 정리하면 다음과 같다: '국가를 위하여 희생하거나 공헌한 사람의 숭고한 정신을 선양(宣揚)하고 그와 그 유족 또는 가족의 영예로운 삶과 복지 향상을 도모하며 나아가 국민의 나라사랑정신 함양에 이바지'하는 행위(제1조 목적).

이 문장의 키워드는 '희생', '공헌', '선양', '나라사랑정신'이다. 국가를 위한 희생과 공헌에 대한 보답이 보훈이고, 보훈의 목적은 국민의 나라사랑정신 함양에 있다는 것이다. 그러면서 「기본법」에서는 "국민 통합과 국가 발전에 기여하는 것을 국가보훈의 기본 이념으로 한다."(제2조 기본 이념)라는 규정으로 이를 뒷받침한다.

이때 중요한 것은 국가를 위한 희생과 공헌의 실질적인 내용이다. 「기본법」(제3조, 정의)에서는 희생과 공헌의 내용을 다음의 네 가지 과정에 벌어진 일로 규정한다: "가. 일제로부터의 조국의 자주독립 / 나. 국가의 수호 또는 안전보장 / 다. 대한민국 자유민주주의의 발전 / 라. 국민의 생명 또는 재산의 보호 등 공무 수행. 풀어서 말하면, '일제강점기의 독립운동', '6·25전쟁 및 베트남전쟁 참전', '4·19와 5·18로 대변되는 민주화운동', '국민을 위한 공무 수행' 중에 당한 희생과 국민 통합에 공헌한 정도를 국가유공자(혹은 보훈대상자) 자격의 근간으로 삼는다는 것이다.

이런 규정에 근거해 보훈은 대한민국의 독립, 호국(국가 수호), 민주주의를 위한 희생과 공헌에 대한 보답이라는 견해가 일반화되었다. 여기에다가 국민 보호를 위한 공무수행까지 보태 네 가지의 희생과 공헌에 대해 말하기도 한다. 하지만 국민의 생명 보호 행위는 '호국'이나 '민주'에 녹여 낼 수 있다는 점에서 보훈을 독립, 호국, 민주를 위해 희생적으로 공헌한 이들에 대한 보답으로 보는 것이 일반적이다. 그렇다면 독립, 호국, 민주의 가치에 대해 국민이 공감하고 이들을 화학적으로 결합시킬 때 '국민의 나라사랑정신 함양', '국민 통합'이라는 소기의 목적도 달성될 수 있을 것이다.

2) 함축적 문제점

이상은 「기본법」의 표현을 중심으로 한 일차적 해설이다. 하지만 법은 어디까지나 현실을 판단하고 규율하는 이상적 기준이지 현실 자체는 아니다. 법을 적용하는 과정에 뜻밖의 샛길이 드러나고 애매한 문제가 발생하기도 한다. 독립, 호국, 민주의 정신은 한국 안에서 자연스럽게 형성된 한국적 가치이지만, 이 정신을 실제로 적용하는 과정은 간단하지 않을뿐더러, 이들의 관계도 복잡하다. 법적 문장은 담담해 보여도, 이들을 화학적으로 결합시키기는 대단히 어렵다. 때로는 이 가치들이 국민 통합이 아닌 갈등과 분열의 계기가 되기도 한다.

가령 일제강점기 '항일' 독립운동가들을 국가유공자로 예우하는 행위의 이면에는 '친일' 세력은 청산되어야 한다는 요청도 들어 있지만, 친일이 불가피한 현실이라 생각하며 살아온 이들과의 갈등도 만만치 않다. 해방 후 대한민국 정부를 구성하는 과정에 친일 청산을 둘러싸고 혼란의 소용돌이가 일기도 했고, 친일 문제는 청산되지 않은 채 여전히 사회 갈등의 원인으로 작용하고 있다. 항일은 물론 친일도 한국 역사의 일부가 되어 버린 셈이다.

그리고 한국인의 '호국' 이념에는 북한 및 공산주의를 적대하며 전쟁까지 했던 경험이 녹아 있어서, 호국주의자들의 눈에 북한을 포용하려는 자세는 위험스러운 이적 행위처럼 여겨진다. 이런 입장 차이가 국민 통합이라는 보훈의 이념과 목적을 어렵게 만든다.

'민주'도 '독재'라는 대항 세력을 전제하지만, 민주든 독재든 모두 한국인이 한국의 역사 안에서 경험해 온 일일뿐더러, 그 독재의 후신도 여전히 사회의 중심 세력으로 자리매김하고 있다. 게다가 민주에 대한 이해도 진보냐 보수냐에 따라 다르다. 민주의 이름으로 '공화주의'와 '자유주의'가 부딪히고, 이른바 '민주화 세력'과 '산업화 세력'이 갈등한다. 북한과의 대화와 교류라는 민주주의적 시도가 북한과 희생적으로 전쟁하며 얻은 호국적 가치와 충돌하기도 한다.

이처럼 독립, 호국, 민주의 가치에 대한 상이한 입장 때문에 내적으로 갈등하기도 하고, 때론 세 가치가 충돌하기도 한다. 큰 틀에서 보면, 한국의 보훈은 군사정권 하에서 장기 복무하다 제대한 군인에 대한 지원은 물론, 군사정권에 저항했던 5·18민주화운동 희생자에 대한 지원 정책까지 두루 포함한다. 군인 중심의 지원 정책을 펼치는 여느 국가에 비하면 매우 독특한 구조와 내용을 지니고 있다. 이것을 긍정적으로 해석하면 가능한 한 여러 분야의 희생자 및 공헌자에 대한 보답이라는 점에서 국가적 보훈 책임을 다하기 위한 노력이라고 할 수 있지만, 보기에 따라서는 보훈의 가치 및 보훈대상자들 간 충돌의 소지마저 있을 정도로 충분히 조율되지 못하는 측면도 있다.

김원봉의 경우가 이러한 난제를 보여주는 대표적인 사례이다. 김원봉(1898-1958)은 일제강점기 내내 영향력 있는 지도적 독립운동가이자 대한민국임시정부의 군사 부문 최고의 지도자였다. 국가(독립)유공자로 예우받아야 마땅했지만, 해방 후 사회주의적 이념에 따라 월북해 초기 북한의 건설에 기여했던 전력 때문에 그렇게 되지 못했다. 국가보훈처에서 한때 그를 국가유공자로 서훈하려다가, 다각도의 반발에 부딪혀 성사되지 못했다. '독립'과 '호국' 모두 보훈의 핵심 이념이지만, 현실에서는 대북 적대적 호국 이념이 항일 독립 이념보다 더 크게 작용하고 있다는 뜻이다.

이것은 백선엽(1920-2020)의 경우에서도 보인다. 백선엽은 일제가 세운 만주국의 군인이자 간도특설대원으로서 중국의 팔로군은 물론 조선독립군까지 살상하는 등 친일적 행보를 보였지만, 해방 후에는 대한민국 제1사단장으로 일하면서 북한의 남침을 저지하는 데 적지 않게 기여했다. 그 업적을 인정받아 독립 (호국)유공자가 되었다. 그의 사후 그를 국립대전현충원에 안장하는 과정에 '친일파를 국립현충원에 안장해서는 안 된다'는 입장과 '나라를 지킨 영웅이니 도리어 국립서울현충원으로 모셔야한다'는 입장이 충돌했다. 독립, 호국, 민주 정신을 고취해 국민통합에 기여한다는 보훈의 이념이 얼마나 어려운 난제인지 잘보여주는 사례들이라고 할 수 있다.

이처럼 보훈의 정신이 자칫 국론 분열의 계기가 될 수 있을 정도로 보훈 관련 가치들의 정치적 작동 방식과 자기중심적 목적등이 복잡하게 얽혀 있다. 어떻게 이러한 상황을 해소하고 실제로 국민 통합이라는 보훈의 목적에 기여할 수 있는 것일까?

기본적으로는 독립운동의 역사를 기억하고 정신을 계승하되오늘의 관점에서 단순한 '반일'을 넘어서도록 재해석해야 한다. 대립의 산물인 국민국가 중심의 '호국'적 태도를 글로벌 초연결의 시대에 어울리도록 조율 및 확장하고, 이것을 보수와 진보의공존 과정으로서의 민주와 연결시키며, 대북 적대성을 줄이고교류를 확대해야 한다. 국가의 의미를 지구화 시대의 통일국가차원에서 확대 상상하면서 그에 어울리는 국민 통합의 가능성을모색해야 한다. 현재 벌어지는 모순적 충돌들도 그 과정이라고 할 수 있지만, 이것이 충돌로 끝나지 않으려면, 모순을 포괄하는 심층적이면서 통합적인 가치를 발굴해 공론화하고 확장시켜 가야 한다.

이 글에서는 이처럼 보훈의 가치가 상충하게 되는 원인을 논리적으로 따져 보면서, 한-일, 남-북, 진보-보수의 관계를 평화지향적으로 재설정하고자 한다. 그 핵심은 전술했듯이 독립-호국-민주를 관통하는 일관된 논리를 발굴하고 확산시키는 데 있다. 그 일관된 논리가 한반도에서 평화를 구축하고 보훈 정책의 목적인 국민 통합에 기여하기 때문이다. 이러한 문제의식을 가지고 현재 한국 보훈의 문제들을 하나씩 풀어 가도록 하자.

2. 보훈의 세 가치: 독립, 호국, 민주의 의미와 쟁점들

1) 독립: 일본은 한국의 적인가?

(1) 독립운동과 오늘의 한일 관계

간단히 보았듯이, 근대 한국의 보훈 정책을 출범시킨 동력은 항일 독립운동의 역사이다. 한국인에게 '국가유공자' 하면 자연스럽게 연상되는 '순국선열', '애국지사'와 같은 표현은 모두 일제의 국권 침탈에 반대하고 저항하며, 독립의 과정에 갖은 희생을 당한 이들에 대한 국가적 존칭이다.*

이때 '반대', '저항', '희생'이라는 말에 함축되어 있듯이, 넓은 의미에서 '독립유공자'는 일본이라는 '적'을 전제로 형성되어 왔다. '대일본제국'에 저항하던 이들을 기리는 수많은 자료들은 '항일'과 희생의 경험을 기반으로 형성되어 왔고, 그 역사를 기억하다 보면 지금도 '반일' 정서로 연결되는 경우가 대부분일 정도로 항일 독립 정신은 현재진행형이다. 이러한 반일 정서, 즉 일제에 대한 비판, 저항, 그 과정에 겪은 희생에 대한 공감이 국민정신을 일정 부분 고양시키면서 한국을 탈식민적 국민국가로 형성시

---

* 「국가유공자 등 예우 및 지원에 관한 법률」(2002년 개정)에 따라 정의하면, '순국선열(殉國先烈)'은 "일제의 국권 침탈 전후로부터 1945년 8월 14일까지 국내외에서 일제의 국권 침탈을 반대하거나 독립운동을 위하여 일제에 항거하다가 그 반대나 항거로 인하여 순국한 자로서, 그 공로로 건국훈장·건국포장 또는 대통령 표창을 받은 자를 말한다."(2020년 기준으로 유족 포함 887명) '애국지사(愛國志士)'는 "일제의 국권 침탈 전후로부터 1945년 8월 14일까지 국내외에서 일제의 국권 침탈을 반대하거나 독립운동을 위하여 일제에 항거한 사실이 있는 자로서, 그 공로로 건국훈장·건국포장 또는 대통령 표창을 받은 자를 말한다."(2020년 기준, 유족 포함 7,338명)

켜 온 측면도 크다.

하지만 오늘의 국제주의적 차원에서 보면 반일 정서는 새로운 문제의식으로 이어진다. 무엇보다 오늘의 일본은 지정학적 이웃이자 대규모 무역 상대국이고 한국과의 자유 교류국이다. 그러면서 옛 '대일본제국'으로부터 받은 상처가 오늘의 '일본국'까지 여전히 불편하게 만드는 것도 현실이다.

일본은 일본대로 대한 관계가 껄끄럽다. 일본은 패전 후 연합국(사실상 미국)과 협상한 결과물인 '샌프란시스코강화조약'(1952년 발효)에 따라 '독도(다케시마)는 일본땅'이라는 입장을 견지한다. 일본은 1920년대 이래 각종 국제법에 근거해 자국의 입지를 강화해 온 전례에 따라 국제법의 준수를 자국의 안보 및 이익과 연결시켜 왔다. 패전 이후 공식적으로 군대를 보유할 수 없게 되자 국제적 합의와 협약의 원칙을 중시하는 방식으로 자국의 안보를 지키려는 분위기가 생겼다.(남기정, 2021) 이런 입장에서 일본은 1965년 한일청구권협정 체결 이후 한국의 식민 지배에 대한 보상을 마무리했기에 더 이상 자국의 침략 책임은 없다는 것이 국제법에 따르더라도 당연하다는 입장을 견지한다.

이런 일본의 입장에서는 이미 '해결된' 과거사에 대해 사과를 거듭 요구하는 한국을 이해하지 못한다. 특히 '종군 위안부 문제'와 관련하여 일본에게 한국은 2015년 양국 정부 대표자가 '최종적이고 불가역적'이라며 합의했던 내용을 다시 뒤집고는 계속 사과와 반성을 요구하는 나라이다. 싫든 좋든 국제법적 합의는 따라야 한다고 보는 일본인의 눈에 한국은 정치적 타협의 산물인 합의를 존중하지 않는 나라로 보인다. 그러면서 '혐한' 정서로 이어 간다. 그런 소식을 듣는 한국에서는 '반일' 정서로 맞받아친다. 그렇게 불행한 충돌은 계속된다.

이것이 현실이다. 어떻게 풀어 가야 할 것인가? 한국으로서는 일단 과거의 '대일본제국'과 현재의 '일본국'을 구분해야 한다. 물론 '일제'로부터 당한 식민지 경험과 상처가 계속되고 있는 탓에 이러한 구분은 쉽게 되지 않는다. 그래도 옛 독립운동 정신을 오늘의 일본에 대한 단순 반일 정서만으로 이어 가는 일은 조심해야 한다. 과거에 대한 기억을 현재적 지평에 어울리게, 그리고 좀 더 미래를 내다보며 포용해 가는 훈련이 필요하다. 일본 보수 정치인의 발언 자체에 집착하기보다는 과거를 비판적으로 성찰할 수 있는 일본 시민사회와의 공감대를 확산시키기 위해 더 노력을 기울여야 한다.

(2) 일본의 원호 제도

일본의 자세도 좀 더 전향적으로 바뀌어야 한다. 일본은 자국에 의해 피해를 입은 이들의 아픔과 정서를 더 이해해야 한다. 그런데 일본은 인류 최초의 원자탄 피폭 경험이 워낙 큰 탓에 자신들이 경험한 피해의식이 전쟁 가해의식을 덮어 버렸다. 일본의 '원호(援護) 제도'(국가보훈처, 2011: 54)*도 제국주의 시대 이래 각종 전쟁 피해자들에 대한 지원 정책을 근간으로 하고 있다. 자신들이 벌인 전쟁 책임보다는 전쟁 중에 겪은 피해의식을 더 반영하며 형성되어 왔다. 근대 일본 최초의 원호 제도였다고 할 수 있을 은급법(恩給法)이 1923년부터, 군사부조법이 1937년부터, 전시재해보호법이 1942년부터 1946년까지 시행되었는데, 모두 참전 희생자 및 전쟁 피해자에 대한 지원법이었다.

그런데 1945년 패전 이후 국제사회가 일본의 전쟁을 침략전쟁으로 규정하면서 일본으로서는 전쟁의 공훈을 공식화할 수 없게 되었다. 현재의 일본 군대도 원칙적으로는 일본 내부의 안보를 위한 자위대(自衛隊)일 뿐, 헌법에 따라 공식적으로 군대를 보유

---

* 한국은 일제강점기 이래 '원호(援護)'라는 일본식 한자를 사용하다가 1984년부터 '보훈(報勳)'이라는 새 용어를 만들어 사용하고 있다.

할 수 없게 되어 있다. 1946년부터 시행되고 있는 현재의 원호대상자도 지금의 자위대원을 대상으로 하는 것이 아니라, 패전으로 해체된 육해군 소속의 군인·군속을 대상으로 한다.

일본의 원호대상자들은 전상병자 및 전몰자 유족 원호, 귀환자 및 미귀환자 원호, 피폭자 원호, 구식민지 출신자 원호 등으로 구분된다. 이들에 대한 추도와 기념사업이 일본 원호 제도의 근간이다. 일본인이 자국 원호의 역사와 의미를 배우고 떠올리다 보면 전쟁에서 받은 피해의식과 동족의 아픔에 대한 공감으로 이어지게 되어 있는 셈이다.

이것은 원호 혹은 보훈 제도의 기본적인 성격 탓이기도 하다. 한국의 보훈 제도가 참전으로 인한 희생에 대한 보답의 측면이 크듯이, 일본의 원호 제도도 기본적으로 전쟁으로 인한 직간접 피해자에 대한 지원을 핵심으로 하고 있다.

문제는 일본이 일으킨 전쟁의 책임에 대해서는 대체로 침묵하고 있다는 데 있다. 식민 지배와 전쟁에 담긴 가해의식이 약하다는 사실이 한일 갈등의 근본 원인으로 작용하고 있는 것이다. 일본군위안부 문제, 강제징용 문제에 대한 한국의 법적 판결을 일본이 한결같이 부정하거나 무시하는 근본적인 이유도 자신이 벌인 전쟁에 대해 가해의식이 별로 없거나, 있더라도 책임은 국제법적으로 다 해결했다는 인식을 지니고 있기 때문이다. 일본도 자국 내에서 원호 제도를 시행하게 된 근본 원인과 원호 제도의 목표에 대해 국제사회적 감각을 가지고 반성적으로 되물어야 한다는 뜻이다.

다음 장에서 보겠지만, 이러한 정서는 북한이 전쟁을 먼저 벌이고도 미군에 의한 피해가 워낙 큰 탓에 전쟁 피해의식을 더 강하게 지니고 있는 것과 비슷하다. 자신에게 막대한 피해를 남긴 미국에 대해 '반제', '반미' 목소리를 높이며 내부적 통합을 시도해 온 것과 구조적으로 비슷하다. 남침 사실을 인정할 수 없기에 가해 사실도 인정할 수 없고, 피해의식을 기반으로 외부에 대해 적대적 태도를 취하는 태도는 일본이나 북한이나 과히 다르지 않다. 한국의 보훈이 희생, 즉 피해에 대한 보답 행위이지만, 행여 그곳에(특히 베트남전을 포함해) 가해의 역사는 담겨 있지 않은지도 함께 성찰해야 하는 이유라고 할 수 있다.

가해 사실을 돌아보고 나면 자신이 입은 피해의식의 질도 달라진다. 상처를 주고받은 이들 간에 화해(reconciliation)하는 가장 기본적인 길은 가해자의 '사과'에서 시작된다.(Radzik, Linda & Colleen Murphy. 2019) 하지만 무엇을 어떻게 사과해야 할지가 역사적 경험과 문화적 문법에 따라 다르다 보니, 상황에 따라 가해자가 먼저 사과하기 힘들거나, 가해자로부터 사과를 이끌어 내기 어려울 수도 있다. 이럴 경우 피해자가 좀 더 주도적이면 사태가 풀리기도 한다. 가해자에게조차 어떤 아픔이 있었을지 공감하고 나면, 피해자와 가해자 사이에 화해의 길이 상승적으로 열리기도 한다. 한국인의 입장을 견지하면서 일본의 원폭 피해에 대한 공감도 함께 해 줄 필요가 있는 것이다. 백범 김구가 해방 후(1947) 이렇게 말한 바 있다: "우리의 적이 우리를 누르고 있을 때에는 미워하고 분해하는 살벌, 투쟁의 정신을 길렀거니와, 적은 이미 물러갔으니 우리는 증오의 투쟁을 버리고 화합의 건설을 일삼을 때다."(김구. 2017: 505)

피해(자) 중심적 접근이 '평화학'의 근간이기도 하다. 가해자가 가해 사실을 인정하고 사과하면서 갈등은 해소되기 시작하지만, 백범의 말에서처럼 힘들더라도 피해자가 더 큰 도량을 가질 수 있다면 평화는 더 빨리 찾아온다. 오래 걸리고 힘이 들더라도 '적'과 대립하는 보훈이 아니라 적을 품는 보훈 문화의 기초를 다져 가야 한다. 그렇게 피해의식도 극복해 가야 한다. 그것이 소모적 갈등을 줄이고 창조적 통합으로 나아가는 길이기 때문이다.

2) 호국: 북한은 남한의 적인가?

(1) 남과 북, 대립에서 대화로

이러한 한일 양국의 자세는 남북이 서로를 대하는 자세에도 비슷하게 적용된다. 일본이 한국에게 극복의 대상이면서 평화를 위한 협력의 대상이기도 하듯이, 북한도 한편에서는 적대적 대상이면서 다른 한편에서는 공존 및 통일의 대상이다.

현재 남과 북에는 분단 이전의 장구한 역사에 대한 기억과 분단·전쟁·이념 대결로 인한 단기적 상처가 뒤섞여 있다. 특히 6·25전쟁의 상처는 양쪽 모두 크다. 전술했듯이 전쟁은 북한의 남침으로 시작되었지만, 북한은 북한대로 전쟁 개시 이후 미군의 폭격으로 인한 피해가 워낙 컸던 탓에 반미 의식과 대남 적대 의식을 강하게 견지해 왔다.* 전쟁 이후 '미제', '남조선괴뢰', '제

---

* 6·25전쟁(북한 용어로 민족해방전쟁) 당시 남한 측 사망자와 실종자는 군인과 민간인 포함해 82만 명~85만 명 정도지만, 북한은 120만~130만 명 정도가 사망 또는 실종되었다. 인구 비례로 따지면, 당시 남한 인구 2천만 명의 4~5%가, 북한 인구 1천만 명의 13~14% 정도가 직접 피해를 입은 셈이다. 단순 계산해도 북한의 피해는 남한에 비해 1.5배 이상, 인구 비례로 계산하면 3배 이상 컸다. 북한의 대남 적대 의식이 강해지게 된 근본적인 이유이다. 김병로, 2016: 제2장 1절의 요약임. 미군의 폭격에 의한 북한의

국주의', '자본주의' 등의 언어를 담론화하면서 '미제'와 '남조선'을 악마화하고 '북조선'의 정체성을 강화시켜 왔다.(임수진, 2021 참조) 전쟁의 상흔을 정책에 반영하면서 유사시를 대비해 지역별 자급자족 체제를 마련하며 군사력을 키워 왔고, 남한에 박정희 군사정부가 들어서자 사회체제를 노동자·농민 중심에서 군인 중심으로 재편하며 군사적 대립 자세를 유지해 왔다.

남한은 남한대로 북한의 위협을 앞세우며 군비를 지속적으로 강화해왔다. 그럴수록 남북 간 갈등은 심화되었고, 안보가 확보되기는커녕 긴장이 고조되는 일이 벌어졌다. 이른바 '안보 딜레마', 즉 남북 모두 경쟁적으로 힘을 키우면서 '안보라는 이름의 불안'이 가중되어 온 것이다. 이런 불안을 잠재우려면 대화를 통한 상호 이해 및 이에 기반한 군축 혹은 점진적 탈군사화의 길을 걸어야 하지만, 그마저도 남북만이 아니라, 북미·미중·미소·한일 관계 등이 복잡하게 얽혀 있어 대단히 어렵다. '한반도 분단체제'만이 아니라, 이른바 '동아시아 대분단체제'(이삼성, 2018: 806-815 참조)*와 직간접으로 연관된 미·중 등 관련 국가들과 함

피해는 김태우, 2013 참조.

* '동아시아 대분단체제'는 이삼성의 표현으로서, 1949년 중화인민공화국의

께 풀어 가야 할 문제이다.

이런 배경에서 남과 북은 여전히 대립 중이지만, 꼬인 관계를 풀 가능성이 없지는 않다. 거시적으로 보면 남북은 극단적 대결 구도를 뚫고 점진적이나마 대화의 역사를 만들어 왔다. 남한의 대북 언어는 물론, 전술했듯이, 북한의 대남 언어도 순화되고 있는 중이다. 1991년에 남북이 동시에 유엔에 가입한 뒤 남과 북은 적대와 공존, 나아가 통일을 추구하는 양면적 준국가 관계에 놓여 있다. 「남북기본합의서」(1991년 12월 체결)에서 말하는 '(남북은) 나라와 나라 사이의 관계가 아닌, 통일을 지향하는 과정에서 잠정적으로 형성된 특수 관계'라는 합의 문안이 그 관계를 집약적으로 보여준다. 이것은 2000년 6·15선언, 2007년 10·4선언 등 굵직한 합의로 이어졌고, 문재인 정부에 들어서는 한반도 평화 담론이 더 구체화되었다. 북한도 대남 대립적 언어들을 더 자제하는 분위기로 바뀌었다.* 국제적 차원의 교류가 더 요청되는 만

출범 이후 '미·일의 연합과 중국 간 긴장 구조' 및 '한반도의 휴전선, 대만 해협, 옛 베트남 분단선(17도선)을 둘러싼 국지적 분단들'이라는 두 축과 관련해 미·일과 중국이 갈등하고, 상이한 정치사회적 체제와 이념으로 균열이 일어나며, 이를 둘러싼 역사심리학적으로 간극이 벌어지는, 세 요소로 이루어진 거대 지정학적 갈등 상황을 일컫는다.

* 가령 1980년대를 기준으로 이전에는 '미제', '남조선괴뢰', '제국주의', '자본

큼 대남 적대성도 완화되어 갈 수밖에 없는 상황인 것이다.

한국의 보훈, 특히 호국의 가치와 의미도 이러한 국내외적 상황에 맞도록 유연하게 정비해야 할 필요가 있다. 그동안 한국의 보훈대상자 대부분이 전쟁 피해(관계)자나 장기 군복무자라는 점에서 보훈 문화 전반에 대북 적대적 이미지가 컸다. 북한도 한국의 보훈 정책에 해당하는 '유자녀' 정책을 통해 전쟁 피해자를 사회의 엘리트층(핵심군중)으로 키우면서 대남 적대성을 강화시켜 왔다.(보훈교육연구원, 2020) 양쪽의 보훈 정책이 서로 자신의 피해의식을 강조하면서 서로 적대성을 강화하는 데 기여해 온 측면이 있는 것이다.

한편에서 보면 보훈 정책이 전쟁 피해자, 구체적으로 말해 국가 수호에 공헌하고 그 과정에 당한 희생을 지원하는 데 초점을 두는 것은 자연스럽다. 하지만 대립은 극복되어야 하고, 그러려

주의' 등의 대남 비판적 언어들이 담론의 근간이었다가, 이후에는 '최고 지도자', '인민', '사회주의', '주체' 등의 언어가 상대적으로 더 부각되었다. 북한의 집단적 정체성을 강화하기 위한 담론은 지속되지만, '인민대중제일주의'처럼 '인민'의 위상을 높인 언어들이 자주 사용되고 있다. 김정은 정권 들어서는 자본주의식 경쟁 문화를 반영하면서 '사회주의 경쟁', 문화예술을 향유하는 '사회주의 문명국' 등의 담론이 등장하였다. 임수진, 앞의 글 참조.

면 피해의식으로 상호 적대성을 강화시키는 순환 고리를 단절해야 한다. 그리고 상이한 이념과 체제에 대한 긍정적 자세가 필요하다. 남북 간에는 분단 70여 년을 지내면서 기업, 종교, 학술, 스포츠 등 거의 모든 분야에서 '사회적 비대칭성'이 커졌지만(박명규, 2012: 8), 민족 기반의 통일 지향이라는 공통점도 유지되어 왔다. 가능하면 강자가 차이를 먼저 긍정하고 상대의 상황을 이해하면서 '비대칭성의 상호 보완적 구조'를 확보해 나가야 한다. 사회적 소통 공간은 법률이나 정치적 합의만으로 안정시키기는 힘든 '구성적인' 측면이 있는 만큼, 비대칭적 이질성들 간 상호작용의 기회를 자주 만들어서 지속적이고 상보적으로 구축해 나가야 한다.(박명규, 2012: 75-84) 상대적으로 강자인 한국에서 선도적으로 이러한 소통 공간을 구성해 나가야 한다. '지켜야 하는[護] 나라[國]'에서의 '나라'의 의미를 넓게 상상하면서 '호국'이 남북 간 화해와 한반도 평화의 동력이 될 수 있도록 만들어 가야 하는 것이다.

(2) 선제적 큰 보훈과 평화 지향의 새 보훈

이런 상황에서 보훈의 가장 기초적이면서 장기적인 과제는 더 이상 전쟁이 벌어지지 않을 상황을 만들어 가는 것이다. 그것이 대한민국 헌법 전문에서 규정하고 있는 '세계평화와 인류공영'의 정신이자 통일의 기본 자세이다. 이러한 상태를 만들어 가는 일이 국가의 지상 과제라면, 국민 통합을 목적으로 하는 보훈 정책도 이에 발맞출 수 있어야 한다. 국가 수호 공헌자와 전쟁 희생자를 돌보면서 더 이상은 전쟁이 없는 상태를 만들어 가는 일이야말로 보훈의 장기적이고 근본적인 과제이다. 이른바 '사후적' 보상으로서의 '작은 보훈'에 머물지 말고, 적대성 자체를 해체시키는 '선제적' '큰 보훈'의 길을 걸어야 하는 것이다. 이것을 협의의 '옛 보훈'에 견주어 광의의 '새 보훈'이라고 해도 좋을 것이다. '큰 보훈'이 보훈 이론과 정책의 양적 확장을 의미한다면, '새 보훈'은 보훈 이론과 정책의 질적 전환을 의미하는 말이라고 할 수 있다.

이를 위해 '평화'를 보훈의 지향점으로 삼을 필요가 있다. 평화를 간단하게 규정하면 폭력을 줄이는 과정이다. 당연히 분단과 대립이라는 구조적 폭력의 원인을 해소해 가는 것은 평화의 과정이다. '선제적' '큰 보훈' 혹은 '새 보훈'은 평화 지향의 보훈이기도 하다.(이찬수, 2021a: 8-9; 이찬수, 2020a: 21-46) 평화는 상대방의 입장을 존중하면서 시작된다. 그럴 때 폭력은 발생하지 않거나 줄어든다. 대립과 갈등으로 이어지던 기존의 폭력적 구조는 해체되어 간다. 비록 북한의 남침으로 6·25전쟁의 비극이 시작되었지만, 그 전쟁의 책임이 북한 혹은 김일성 정권에만 귀속된다고 할 수는 없다. 따지고 보면 6·25전쟁은 이차적으로는 소련·중국은 물론 삼차적으로는 미국·일본 등 오늘날 '동아시아 대분단체제'를 만든 장본인들에게까지 소급된다. 북한을 도와 대규모 군대를 파병한 중국에도 책임이 있다는 사실은 더 말할 나위 없다. 그뿐만 아니라 6·25전쟁은 '한반도 비핵화'를 위한 육자회담의 당사국들 간 대립 및 갈등과도 관련되어 있다. 미국과의 관계도 통일, 평화, 북한 등에 대한 한국인의 다양한 시각에 결정적으로 작용한다.

이러한 국제정치적 맥락 및 구조적인 문제를 도외시한 채, 과거에 벌어진 협의의 물리적 폭력에만 몰두하다 보면, 남과 북 간에 근시안적 대립만 격화될 뿐이다. 6·25전쟁의 책임 소재보다 수천 년 동안 함께해 온 민족적 동질감과 '통일한반도'라는 미래적 긍정성에 대한 기대치를 훨씬 더 키워 가야 한다. 좁은 의미의 옛 보훈은 이러한 대립을 유지시켜 오는 데 기여해 온 측면이 있다. 분단 상황을 고수하려는 자세가 폭력의 동인으로 이어져 왔던 것이다.

이런 문제를 풀어 가는 길은, 이 분야 전문가들의 한결같은 제안이지만, 남과 북은 물론 북과 미가 서로의 상황과 입장을 존중하면서 결국은 군사적 대립을 줄이고 교류의 장으로 나아가는 것이다. 이러한 목적을 공유하면서 대화로 그 공동의 절차를 합의해내는 것이다. 어느 한쪽의 힘의 우위에 입각한 상대방 굴복 작전은 도리어 약자의 물리적 힘(북한의 경우 ICBM 같은 핵무기)만을 키워 대립을 지속시킬 뿐이다.

한반도의 이러한 정치적 상황은 '호국' 영역의 대북관과 긴밀하게 연결된다. '선제적 새 보훈'의 자세로 대북 대립적 흐름을 완화시키면서 북한도 대남 적대성을 완화해 한반도의 평화를 이루자는 시그널을 주어야 한다. 그런 식으로 북한을 포용하다 보면, 북한도 남한을 더 인정하고 수용할 수 있는 분위기로 이어진다. 북한의 보훈에 대해 역지사지의 관점에서 공감적으로 연구해야 한다.* 남북 사이에 물리적, 구조적, 문화적 폭력을 줄여 가는 과정으로서의 평화적 시야를 가지고 연구의 결과를 한국 사

---

* 이런 상황에서 2020년 펴낸 보훈교육연구원 보훈 문화총서 가운데 『남에서 북을 다시 보다』와 같은 북한보훈 연구서, 『통일로 가는 보훈』과 같은 통일과 평화 지향의 보훈 관련 단행본은 '큰 보훈', '새 보훈'과 관련해 적지 않은 의미가 있다. 두 권 다 큰 보훈 혹은 새 보훈의 문을 여는 선구적 출판물이라고 할 수 있다.

회 전반에 확산시켜야 한다. 남북 간 문화적 동질성을 기반으로 폭력이 아닌 조화의 가능성을 구체화시켜 가야 한다.(이찬수, 2020b: 53-75) 남북은 분단 70여 년을 단박에 극복하고도 남을, 고려 시대 이후만 쳐도 천 년 이상 같은 지역에서 언어와 종교, 문화를 공유하며 살아온 같은 민족이기에 이것은 충분히 가능한 요청이자 기대이다. '국가의 수호 혹은 안전보장'(「기본법」 제3조), 한마디로 '호국'과 '안보'에의 희생적 기여가 한반도의 폭력적 구조를 극복하는 동력이 되고 남북 간 화해로까지 나아갈 수 있는 선제적 태도가 필요한 상황인 것이다.

(3) 베트남전과 보훈 정책

보훈의 호국적 가치와 관련해 되돌아봐야 할 역사 중 하나가 베트남에 대한 한국의 입장이다. 한국의 보훈 정책에서 베트남전쟁은 중요하다. 가령 2021년 4월 기준으로 한국의 전체 국가유공자 840,810명 가운데 참전유공자는 6·25전쟁 유공자가 71,444명, 베트남전쟁 참가자가 189,215명, 한국전과 베트남전 양쪽 참가자가 1,799명이다. 그리고 베트남전 참전 결과 고엽제 후유(의)증으로 보훈대상자가 된 이들이 51,473명(2세 140명 별도)이다. 이들은 대한민국월남참전자회, 대한민국고엽제전우회 등의 단체를 결성해 나름의 활동을 펼치고 있다. 이들 단체는 전쟁 트라우마로 인해 일종의 '반공적' 성향을 강하게 보여준다.

그렇지만 오늘날 공산국 베트남과의 관계는 이전의 전쟁 경험 과는 달리 대단히 활발하게 맺어지고 있다. 베트남에 대한 투자 액이 가장 많은 나라가 한국이고, 2019년 기준으로 한국인 315 만여 명이 베트남에 방문했다. 베트남 외국인 여행객 순위 2위 이다. 사회주의 국가이자 공산당 일당 독재를 하고 있는 베트남 은 오랜 정치체제상 북한과 '옛 친구'이기는 하지만, 사실상 북한 과의 실질적 관계는 크지 않다. 이것은 '옛 친구'라는 말에 은유 적으로 들어 있다고 할 수 있다. 그에 비해 각종 교류를 훨씬 많 이 하고 있는 한국은 베트남에게 '새 친구'이다. 베트남은 같은 사회주의권 국가인 중국은 경계하면서도 한국에 대해서는 긍정 적인 이미지를 가진다. 두 나라 모두 서로를 정치적 이념보다는 자국에 대한 위협의 정도, 이해관계의 경중을 기준으로 대하고 있다는 증거이다.

하지만 불편한 진실도 함께 들어 있다. 베트남전을 둘러싼 국 내외 정치적·외교적 차원은 차치하고라도, 베트남전쟁 당시 한 국군은 무고한 민간인에게까지 피해를 준 일이 있다는 사실이 다. 정부에서는 베트남전 참전자 및 고엽제 피해자에 대해 희생과 공헌에 대한 보답으로 보훈급여금 지급이나 보훈병원 의료비 할인 등 다각도로 지원하고 예우하고 있지만, 그 희생과 공헌의 이면에는 피해만이 아니라 가해의 역사도 있다는 사실을 기억해야 한다. 한국이 일본에게 가해자 의식을 가지라고 요구하는 것과 비슷한 자세를 베트남에 대해서도 가져야 하는 것이다. 국내 거주 베트남인과 베트남 거주 한국인이 각각 16만여 명이나 되는 현실에서는 더욱 그렇다.

전쟁 중 적군을 죽이는 행위는 법적으로는 정당하지만, 철학적으로나 윤리적으로까지 정당한 것은 아니다. 참전군인에 대해 국가는 '영웅적으로 싸웠다는 사실' 자체를 칭송하며 전쟁도 정당화하려는 경향이 있지만, 전쟁에 대해 비판적으로 성찰하는 시민사회는 '무엇 때문에 왜 싸웠는지', '싸움 자체를 하지 않을 방법은 없었는지'에 초점을 두는 경향이 있다. '국가적 기억'과 '사회적 기억' 간에 차이가 있는 것이다.(전진성, 2020: 35) 이 차이를 줄여 가는 일이 중요하다. 이것은 국민이 국가의 주체가 되어가는 과정이며, 그 차이의 해소 여부는 민주주의적 역량에 달려있다. 민주라는 공동의 가치를 기반으로 국가적 기억과 사회적 기억 간의 괴리를 좁혀 가면서 사회 통합을 이루어 가야 하는 것이다. 한국 보훈의 주요 축에 '민주'가 들어있는 것은 이런 점에서 다행이다. 민주라는 가치가 이러한 대립적인 흐름을 통합시킬 수 있는 중요한 가치가 될 수 있기 때문이다.

3) 민주: 보수와 진보는 적인가?

(1) 진보와 보수의 경계

한국적 보훈의 주요 특징은 '민주유공자'를 두고 있다는 것이다. 한국의 고유한 역사적 경험에서 나왔기에 세계 여느 나라에서도 보기 힘든 독특하고 유의미한 영역이다. 가령 대한민국 헌법은 전문에서는 "4·19민주이념을 계승한다."라고 규정하고 있다. 민주주의는 대한민국 정체성의 근간으로서, '4·19혁명 사망·부상·공로자'에 대해서는 「국가유공자 등 예우 및 지원에 관한 법률」(2008)에 포함시켜 민주유공자로 예우해 왔고, '5·18광주민주화운동' 희생자에 대해서는 「5·18민주유공자 예우에 관한 법률」(2002)을 만들어 지원해 오고 있다. 그렇게 2021년 4월 기준, 4·19민주유공자로 864명, 5·18민주유공자로 4,400명에게 다각도로 보답하고 있다.

하지만 이러한 법적 규정과는 달리, '4·19혁명'만 하더라도 한국 사회 전체가 그 정신에 전적으로 동의하고 있지는 못하다.

4·19혁명은 이승만 정권의 독재와 부정에 대한 저항으로 일어난 '의거'지만, 이승만 정치 노선을 따르거나 그를 '국부'처럼 모시는 적지 않은 세력들은 '4·19'를 '혁명'이라 부르며 기념하는 행위가 내심 불편하다.

'5·18'은 어떤가. '5·18민주화운동'이 국가 지정 공식 명칭이지만, 이 이름을 입에 담기 꺼려하거나, 내심으로는 불손한 이들에 의한 반정부 시위 정도로 생각하는 이들이 제법 있다. 5·18을 촉발시킨 신군부의 책임자들이 생존해 있고, 그들의 노선을 이어받은 정치 세력도 건재하다 보니, '민주화운동'이 아닌 '광주사태'라는 애매한 표현에 익숙한 이들도 많다. 데모하다 희생당한 이들을 굳이 보훈대상자로까지 지정하느냐며 비판하거나, 5·18유공자의 명단을 밝히라며 의심의 눈초리를 보내기도 한다.

그 배후에는 한반도 구성원 대다수가 원하지 않았던 '분단'이 있고, 분단으로 인한 이념 충돌이 체화되다시피 한 불행한 역사가 있으며, 그 과정에 복잡하게 얽힌 다양한 개인의 체험이 있다. 그러다 보니 6·25전쟁 참전으로 인한 트라우마를 전승해 온 흐름에 공감하는 이들은 대북 적대성을 견지하는 경향이 있고, 5·18에 북한군이 개입했을지 모른다는 억측에 왠지 모를 공감을 느끼면서 5·18에 보내는 시선이 곱지 않다. 그뿐이던가. 한국의 분단에 관여한 미국, 러시아, 중국, 일본 등에 대한 입장도 다양하게 존재한다.

(2) 민주, 어디까지 품어야 할까?

독립과 호국이 충돌할 뿐만 아니라, 한국 사회에서 이 충돌을 해소시킬 민주의 역량이 어느 정도인지 가늠하게 해 주는 사례 중의 하나가 전술했던 김원봉(1898~1958)의 경우이다. 김원봉은 일제강점기에 의열단을 조직해 항일투쟁을 주도했던 대표적인 독립운동 지도자이다. 독립운동의 수단으로 급진 민족주의적 사회주의 노선을 표방하면서 중국의 공산당은 물론 국민당 정부와도 협력했다. 상대적으로 우파 민족주의자였던 김구와 교류하며 독립의식을 고취시키기도 했다. 무엇보다 그는 대한민국 임시정부가 설립한 광복군의 부사령(1942.12.5~), 임시정부의 국무위원과 군무부장(1944.4.22~)을 지내는 등 임시정부 군사 방면의 최고 책임자였다. 항일운동에 그만큼 일관되게 열렬한 태도를 견지했던 이도 찾아보기 힘들다. 중국에서 활동하다가 해방 후 귀국해 통일정부를 수립하기 위해 노력했지만, 공산주의자라는 이유로 미군정하에서 갖은 수난을 당했다. 그러다 독립운동 동지들이 모여 있는 북으로 가서 초기 북한의 건설에 기여하다가, 종국에는 1958년 북한에서도 숙청당했다. 출신, 이념적 지향 등이 다르다는 이유로 김일성 세력에게 밀려난 것이다.(이정식·한홍구, 1986: 135; 한상도, 2006: 70-84; 김삼웅, 2019: 249의 요약임)

국가유공자 선정의 근간인 '일제로부터의 조국의 자주독립'에 김원봉 이상으로 공헌한 사람을 찾기 힘들 정도지만, 북한의 국가 건설 과정에 기여했다는 낙인을 받으며 김원봉은 남한에서도 외면당했다. 대한민국 정부의 체제를 부정하는 공산주의자라는 관습적 판단이 크게 작용했기 때문이다. 국가보훈처에서 독립유공자 선정 기준으로 '북한 정권 수립에 직접 기여하지 않은 인물'이어야 한다는 자체 '내부 규정'을 두고 있는 데서도 한국적 보훈의 이념 중 '호국'이 '독립'보다 크게 작용하고 있다는 사실을 알 수 있다.

이즈음 생각해 보아야 할 사례가 있다. 한국은 같은 정치 이념을 지닌 이른바 '자유중국(중화민국)'과 단교하고 공산주의 국가인 '중공(중화인민공화국)'과 수교한 뒤(1992), 천문학적 규모의 경제 교류를 하며 여행도 자유롭게 다닌다. 그뿐 아니다. 전술했듯이, 베트남전에서 북베트남 공산주의자와 전쟁한 뒤 물러났지만, 결국은 북베트남에 의해 통일된 공산국가 베트남과 수교했고(1992), 오늘날은 베트남에 대한 최대 투자국이 될 정도로 막대한 교류를 하고 있다. 한국의 '호국' 이념이 무조건적인 반공주의가 아니라 이해관계에 따라 움직이는 실용적 성향이 있다는 뜻이다. 나아가 그 실용성을 이론적으로 뒷받침하는 한국의 자유민주주의에 상이한 이념들을 포용할 수 있는 역량이 있다는 뜻이기도 하다.

이러한 문제를 해결하기 위해 필요한 관점 가운데 하나는 가령 김원봉이 활동하던 당시의 공산주의와 6·25전쟁과 전후 냉전기 등을 거치며 이념 갈등이 체화된 이후의 공산주의를 구분하는 것이다. 김원봉의 공산주의적 사고는 일제로부터의 해방을 위한 수단에 가까웠지 그 자체가 지상 목적은 아니었다. 좌파인 김원봉이 우파 민족주의 독립운동가의 거두인 김구와 공생했던 것이나, 중국 공산당에 대립했던 국민당과도 함께했던 것이 그 증거이다.

대한민국임시정부가 1942년 중국 충칭에서 좌파와 우파가 독립국가를 형성하기 위해 연합하는 좌우합작의 통합 정부를 구성했던 것도 독립을 위한 방법론적 차이는 있을지언정, 독립을 위한 헌신의 정도에서 차별을 둘 수 없다는 뜻이다. 김구가 대표적인 독립유공자이듯이, 김원봉이 독립유공자가 되지 못할 이유도 없는 것이다. "대한민국임시정부의 법통을 계승한다."라는 대한민국헌법 전문의 내용을 염두에 둔다면 더욱 그렇다. 일제강점기 독립의 수단으로서의 공산주의와 지금의 공산주의를 구분하면서 항일 독립운동의 선구적 지도자를 보훈의 영역 안에 담을 수 있어야 하는 것이다.

이를 위한 한국인 공통의 가치는 민주주의라고 할 수 있다. 민주는 진보주의자의 영역이기만 한 것이 아니라, 다음에서 보듯 더 궁극적으로는 진보와 보수를 끌어안을 수 있는 공통의 근거이자 심층적 역량이기 때문이다.

4) 독립-호국-민주를 관통하는 시원적 사례, 동학농민혁명

독립, 호국, 민주가 충돌하는 이유는 무엇인가? 이러한 물음은 대한민국 역사가 전개되어 온 과정과 연결되어 있다.

일부 전술했듯이, 독립은 일본이라는 억압과 지배 세력으로부터 해방해 가는 과정이다. 억압과 지배를 넘어 찾으려는 것은 주권이고 주권국가이다. 당연히 주권국가를 지키려는 '호국'적 행위는 '독립' 정신과 연결된다. 이때 주권국가란 그 국가의 결정을 할 수 있는 권한이 국민에게 있다는 뜻이니, 그것은 민주주의의 근간이다. 이렇게 호국은 민주와도 연결된다. 독립운동이 주권

회복 운동이고 주권이 민주주의의 근간이라면, 독립운동이 민주의 논리와 연결되는 것은 물론이다.

그러나 이러한 원천적 연결성에도 불구하고 연결 지점에 대한 해석들이 모두 동일하기만 한 것은 아니다. 전술했듯이, 독립 정신과 호국 정신은 만들고 지키려는 '나라'[國]에 대한 이해를 같이 하는 경우에는 서로 연결되지만, 그 나라에 대한 이해가 달라지면 서로 충돌한다. 일제로부터 독립해서 만들려던 나라에 대한 이해가 비슷하고, 그 나라가 오늘의 대한민국으로 연결되었다고 대다수가 생각할 때 국민 통합으로 이어지는 것이다.

이때 일제로부터의 독립운동은 언제 어디에까지 소급되는지, 국가유공 후보자의 활동 시점을 어디까지 소급할 수 있는지의 문제는 중요하다. 현재 국가유공자 선정 기준은 '일제의 국권 침탈(國權侵奪) 전후로부터 1945년 8월 14일까지 국내외에서 일제의 국권 침탈을 반대하거나 독립운동을 위하여 일제에 항거'한 자로 되어 있다.(각주1 참조) 문제는 이때 '일제에 의한 국권 침탈 전후'의 시점이 언제를 의미하는지 애매하다는 데 있다. 지금까지의 관례상으로는 1895년 10월 8일(음 8.20) 일본의 자객에 의한 명성황후 시해 사건을 기점으로 잡는 경향이 있다. 그러나 이것은 어디까지나 관례일 뿐 '국권 침탈 전후'라는 애매한 시대 규정은 늘 해석을 필요로 하며, 해석 여하에 따라 변동 가능성이 큰 표현이다. 가령 1894~1895년에 있었던 동학농민혁명 중에서 1894년 9월(음 8월)에 봉기한 2차 동학운동의 일환으로 벌어진 의병 활동을 국권 침탈 전후의 영역에 포함시킬 수 있느냐 없느냐가 그 예이다. 관례상 동학농민혁명은 성격상 조선의 탐관오리를 비판하며 봉건 체제를 바꾸기 위한 저항운동이지 일제로부터의 독립운동으로까지 보기는 곤란하다는 견해가 지배적이다.

하지만 「동학농민혁명 참여자 등의 명예회복에 관한 특별법」(약칭, 동학농민명예회복법, 2004년 제정)의 관점은 다르다. 이 특별법의 목적(제1조)에서는 다음과 같이 규정하고 있다: "봉건제도를 개혁하고 일제의 침략으로부터 국권을 수호하기 위하여 동학농민혁명에 참여한 사람의 애국애족정신을 기리고 계승·발전시켜 민족정기를 북돋우며, 동학농민혁명 참여자와 그 유족의 명예를 회복함을 목적으로 한다." 그러면서 1894년 9월 2차 동학농민혁명 참여자에 대해서 이렇게 규정한다: '1894년 3월에 봉건체제를 개혁하기 위하여 1차로 봉기하고, 같은 해 9월에 일제의 침략으로부터 국권을 수호하기 위하여 2차로 봉기하여 항일무장투쟁을 전개한 농민 중심의 혁명 참여자.'(2조 정의)

여기서 말하는 '일제의 침략으로부터 국권을 수호하기 위한 혁명'이라는 1차 봉기자에 관한 규정과, 같은 국권 수호의 목적으로 '2차로 봉기하여 항일무장투쟁을 전개한 농민 중심의 혁명 참여자'라는 2차 봉기자에 관한 규정은 「국가보훈기본법」의 독립유공자(순국선열과 애국지사) 규정인 '일제의 국권 침탈을 반대하거나 독립운동을 위하여 일제에 항거…한 이'라는 규정과 다르지 않다. 만일 두 가지 법적 규정을 모두 존중하고자 한다면, 특히 2차 동학혁명 참여자 출신 일부 의병을 독립유공자에서 배제해야 할 이유가 없어진다. 「국가보훈기본법」과 「동학농민명예회복법」 간의 충돌을 막고 법률의 일관성을 확보하기 위해서라도 '일제의 국권 침탈(國權侵奪) 전후'의 시기와 사례를 명확히 하고, 2차 동학농민혁명군 중에 항일 의병 활동으로 이어간 이들을 발굴해 독립유공자의 범주에 포함시키기 위한 논의가 필요해 보인다.

만일 이런 제안을 긍정적으로 수용할 수 있다면, 독립, 호국, 민주의 논리적 일관성과 순환적 연결 고리를 확보하는 데도 대단히 유용하다. 적어도 사상적으로 보면 동학농민혁명은 일제로부터의 독립운동의 시원이라고 할 수 있다. 나아가 동학이 계급 차별을 극복하고 만인 평등을 내세웠다는 점에서는 민주주의 운동의 시원이라고도 할 수 있다. 척왜척양(斥倭斥洋)을 내세운 반외세 운동이기도 하고, 일본이 조선을 사실상 강점하기 시작한 상황인만큼 사실상 항일 독립전쟁으로서의 면모도 분명하다. 동학농민혁명은 독립, 호국, 민주 유공자의 개념을 모두 포함하면서 이들 세 가치의 상호 연결과 순환을 가능하게 해 주는 시원적이면서 상징적인 사례로 삼을 만하다. 보훈의 민주적 가치를 주권 회복 및 독립운동의 정신과 연결시킬 수 있는 사례인 것이다.

이렇게 동학농민혁명을 적극적으로 해석한다면, 한반도에서 독립·호국·민주는 서로 다른 영역이 아니며, 독립이든 호국이든 민주든 억압·침략·독재로부터의 해방운동이고, 자율성과 주체성을 확립하기 위한 운동이라는 논리를 구체화시키는 데 큰 도움이 된다. 동학농민혁명은 독립-호국-민주를 연결시키는 한국적 보훈의 논리를 확보하고 보훈 철학을 정립하는 데 크게 기여할 역사적 사례일 수 있는 것이다.

현재 한국의 보훈에는 세 가지 가치의 접점에 대한 이해가 부족하고 보훈의 시점에 대한 명시적 공감대가 없는 탓에 보훈의 가치들이 서로 충돌하는 일들이 벌어지곤 한다. 한국 사회에서 갈등이 지속되어 오고 있는 데에도 이러한 논리의 부재 및 가치의 연결성에 대한 공감대의 부족이 놓여 있다. 독립-호국-민주의 연결 고리를 확보해야 보훈의 목표인 국가 혹은 국가 발전도

논리적 설득력을 확보하게 된다.

3. 삼각뿔 보훈, 독립-호국-민주의 상호 관계

1) 국가성에 대한 공감대의 확보

한국의 보훈은 사실상 '국가보훈'이라는 말과 동일시되고 있을 정도로 보훈의 국가성을 강조하는 경향이 있다. 그런데 '국가보훈'이라는 말에 설득력이 있으려면, '국가'의 정체성과 의미, 국민 통합의 논리가 공론의 장으로 들어와, 국민들 사이에 공감대를 확보할 수 있어야 한다. 국가 주도의 시혜성에 국민 공감형 보훈 의식이 뒷받침되어야 하는 것이다.

전통적인 군사 중심의 '국가안보'가 최근 들어 경제, 식량, 보건, 환경 등 생활 영역에서의 안전을 추구하는 '인간안보(human security)'로 확대되고 있는 것도 비슷한 이치이다. 국가의 문제는 결국은 국민의 문제이며, 개인·주권 등과 뗄 수 없다는 문제의식이 수직적이고 시혜적인 안전을 상향적이고 수평적인 네트워크 차원으로 확대시키고 있는 것이다. 안보를 위해 동원할 능력과 자원을 가장 많이 가진 주체는 국가지만, 그 능력과 자원도 국민 중심의 상향적 인간안보의 지원을 받을 때 정당성을 가지고 지속적으로 작동한다. 국가안보도 인간안보의 지원을 받으며 서로 상보적으로 움직여야 하는 것이다.(정승철, 2020: 273-285)

마찬가지로 국가보훈도 국민적 관심사 안으로 들어오고 국민에 의해 공감될 때 설득력과 지속성을 확보할 수 있다. 그 중심에 보훈의 세 가치를 연결시키는 일관된 논리와 그 논리에 대한 국민적 공감대를 확보해 두는 일이 중요하다. 세 가치의 연결고리를 찾아내고 그 접점을 구체화시키는 과정에 혼란이 없을 수는 없겠지만, 국가보훈과 그로 인한 국민 통합의 길을 걷기 위해서는 불가피한 과정이기도 하다.

이것은 요한 갈퉁(Johan Galtung)이 말한 '소극적 평화(negative peace)'와 '적극적 평화(positive peace)'의 관계와도 같다. 주지하다시피, 소극적 평화는 물리적 폭력이 없는 상태이고, 적극적 평화는 구조적이고 문화적인 폭력마저 없는 상태를 의미한다.(Galtung, 2000: 88) 국가안보는 소극적 평화에 기여할 수 있지만, 그것만으로는 적극적 평화로까지 나아가지 못한다. 물리적 폭력과 구조화된 폭력을 모두 없애려는 노력을 아래로부터 동시에 기울일 때 적극적 평화의 상태로 나아갈 수 있다. 마찬가지로 보훈의 목적에 대해 분명하고 광범위한 의식을 가지고 호국 지향적 보훈과 민주 지향적 보훈이 함께 갈 때 보훈이 '국민 통합'과 '국가 발전'이라는 원대한 목표를 이루는 데 기여할 수 있는 것이다.

이러한 연결 고리와 공감대를 찾는 일이 보훈의 가장 근원적인 작업이라고 할 수 있다. 특히 보수와 진보 사이에는 물론 남과 북 사이에 이러한 공감대를 찾아 확대시키는 일이 중요하다. 이것이 중요할 뿐만 아니라 가능한 이유는 한반도 구성원들에게는 문화의 심층적 차원에서 상통하는 부분이 있기 때문이다. 분단으로 인해 남북 및 남남 간에 일종의 구조화된 폭력과 체화된 갈등이 작용하고 있지만, 한국의 여러 계층은 물론 남과 북은 분단 70년 역사에 비할 수 없이 오랜 세월을 같은 지역에서 같은 문화와 언어를 공유하며 공존해 왔다. 역사와 문화는 단순한 사건들의 집합이 아니다. 프랑스의 아날학파에서 오랜 시간에 걸쳐 형성된 집단적 사고방식, 생활습관과 같은 민중의 집합적 심성(망탈리테)을 중시하며 연구했듯이, 한반도 구성원은 남북 간에 심지어 남남 간에도 갈등이 있지만, 민중의 기층적 정서는 거의 무의식적으로 공유하고 있다. 이러한 무의식적 공유의식은 한반도에서 갈등을 극복하고 민주주의를 가능하게 하는 근원적 토대이다.(이찬수, 2016a 참조) 이러한 심층적 상통성을 수면 위로 끌어올리고 그에 대한 공유의식을 확대해 나갈 때 '국가'에 대한 국민적 공감대도 저변에서부터 확보될 수 있다. 독립-호국-민주를 관통하는 보훈의 논리도 이러한 심층 문화적 동질성을 기반으로 해야 하는 것이다.

2) 민주주의, 진보와 보수의 접점

이것은 민주주의라는 가치에 대해 논할 때도 마찬가지이다. 전술했듯이 한국의 민주주의에는 이른바 '민주공화주의'와 '자유민주주의'가 충돌한다. 미국의 폴 슈메이커(Paul Schumaker)가 좌파 '민주사회주의'와 우파 '시장자유주의'가 대화를 통해 접점을 찾을 수 있다면서, '다원적 공공철학'의 아이디어를 제시한 바 있는데. 이것은 한국의 이념적 지형에도 적절히 적용된다.(Schumaker, 2010: 48)[*]

---

[*] 역자가 public philosophy를 '공공정치철학'으로, pluralistic public philosophy를 '다원적 공공정치철학'으로 번역하고 있지만, 이 글에서는 영어 원문 그대로 각각 '공공철학'과 '다원적 공공철학'으로 옮긴다.

그에 의하면 다원적 공공철학은 '각자의 이념적 입장을 분명히 인식하면서도 모든 정치 이념의 저변을 이루는 합의를 모색하는 일종의 메타정치이론'이다.(Schumaker, 2010: 28) 그러면서 '공공철학'을 단수 'public philosophy'가 아니라 복수, 즉 'public philosophies'로 표현했다. 필자가 '평화다원주의(pluralism of peaces)'에 대해 말한 것과 같은 논리라고 할 수 있다.(이찬수, 2016b: 59)

평화다원주의는 평화를 대문자 단수가 아닌 소문자 복수, 즉 '평화들(peaces)'로 인식하고서, 다양한 평화들의 저변 혹은 상위에서 공감대를 찾아 '대평화(Peace)'로 나아가는 과정이다. 마찬가지로 현실에서는 '공공철학'도 단수가 아니라 복수, 즉 '공공철학들(public philosophies)'이다.(Schumaker, 2010: 54)* 여러 '민주주의들'에 대한 포용적이면서 다원적인 이해가 필요하듯이, '공공철학들'에 대해서도 다원적 '공공철학'의 이해가 요청된다는 것이다.

---

* 역자가 public philosophies를 '공공정치철학'으로 번역하고 있는데, 이것도 원문 그대로 '공공철학들'로 번역해야 다원주의적 입장을 견지하고 있는 저자의 의도에 어울린다.

보훈에도 '다원적'이고 '메타적'인 관점을 견지할 필요가 있다. '메타적 보훈'은 독립, 호국, 민주의 정체성을 살리면서도 그 저변에서 상통하는 가치를 발굴하고 합의해서 이 세 가치를 긍정하며 포괄하는 심층적 보훈 행위를 의미한다. 이런 관점을 가져야 진보와 보수가 표층적 '적'에 머물지 않고 심층에서 '친구'로 만난다. 대화 자체가 불가능한 일부 극단주의적 세력이 없는 것은 아니지만, '숙의(deliberation)' 과정을 거치면 대부분 합의점을 도출해 낼 수 있다. 동서고금에 걸쳐 인간의 양상이 아무리 다양해도, 웃고 우는 상황이나 지점은 대체로 비슷하다. 남과 북이 70여 년 이상 대결해 오면서도 공동의 발전을 위한 대화의 역사를 만들어온 것도 무언가 비슷한 이상을 견지해 오고 있기 때문이다.

이것은 '너의 평화'와 '나의 평화' 간에 접점을 찾는 일이기도 하다. 대화를 통해 진보와 보수 간 공통성을 확보하는 일도 불가능하지 않다. 적어도 한국 사회에서는, 진보든 보수든, 의미와 강조점의 차이는 있지만, '대한민국은 민주국가이거나 민주주의를 지향한다'는 원칙적 사실에는 대부분 동의하고 있기 때문이다.*

그렇다면 '민주'가 무엇인지에 대해 대화로, 좀 더 진지하게는 숙의의 과정을 거쳐 공감대를 확보해나가면 된다. 민주주의 중에서도 '자유'민주주의를 내세우는 목소리들이 자주 등장하기도 하지만, 대화하다보면 자유민주주의도 "자본주의 시장경제에 기초하여 무한한 경쟁과 자유방임만을 인정하는 편협한 자유지상주의"가 아니라는 사실을 알게 된다. 자유민주주의도 "자유를 보장하는 헌법적 가치에 의해 제한되는 민주주의이다." '자유민주적 기본질서'라는 헌법적 표현도 "자유와 평등이 조화를 이루는 사회공동체의 구성 원리를 포함"한다. "자유민주적 기본질서

---

* 가령 대한민국 헌법 제1조 1항은 "대한민국은 민주공화국이다."이다. 2항은 "대한민국의 주권은 국민에게 있고, 모든 권력은 국민으로부터 나온다."이다. 한국의 정치적 진보주의자들은 대체로 이러한 헌법적 표현을 기반으로 권력의 위계성보다는 국민적 평등성과 공화주의적 통제를 통한 사회성을 추구하며, 사회주의적 북한과의 대화를 시도하는 경향이 있다. 그런데 헌법 전문(前文)에는 "자유민주적 기본 질서를 더욱 확고히 한다."라는 말과 제4조에서는 "대한민국은 통일을 지향하며, 자유민주적 기본 질서에 입각한 평화적 통일 정책을 수립하고 이를 추진한다."라는 통일 규정도 두고 있다. 보수주의자들은 여기서 등장하는 '자유민주주의'라는 표현을 내세우며 사회주의 북한에 대해 비판하고 개인성에 입각한 신자유주의적 시장경제를 지지하는 경향이 있다. 당연한 귀결이지만, 진보가 중시하는 '민주공화국'이나 보수가 강조하는 '자유민주주의'나 모두 '민주'라는 가치에서는 통한다.

를 바탕으로 하는 사회민주주의도 허용"하는 그런 자유민주주의인 것이다.(이효원, 2018: 137-139) 국가유공자의 상징과도 같은 백범 김구도 이렇게 말한 바 있다:

국가 생활을 하는 인류에게 무조건의 자유는 없다. 왜 그런고 하면, 국가란 일종의 규범의 속박이기 때문이다. 국가 생활을 하는 우리를 속박하는 것은 법이다. 개인의 생활이 국법에 속박되는 것은 자유 있는 나라나 자유 없는 나라나 마찬가지이다. 자유와 자유 아님이 갈리는 것은 개인의 자유를 속박하는 법이 어디서 오느냐 하는 데 달렸다. 자유 있는 나라의 법은 국민의 자유로운 의사에서 오고, 자유 없는 나라의 법은 국민 중의 어느 일개인, 또는 일계급에서 온다.(김구, 2017: 498)

백범은 이어서 이렇게 말했다: "우리는 개인의 자유를 극도로 주장하되, 그것은 저 짐승들과 같이 저마다 제 배를 채우기에 애쓰는 자유가 아니다. 제 가족을 제 이웃을, 제 국민을 잘살게 하기에 쓰이는 자유다. 공원의 꽃을 꺾는 자유가 아니라 공원에 꽃을 심는 자유다."(김구, 2017: 505)

모두를 위해 '공원에 꽃을 심는 자유'는 각자도생의 자유가 아니라 상생을 위한 자유다. 그런 점에서 자유민주주의도 법적 통제와 공공성에 기반한 민주공화주의와 다르지 않으며, 보기에 따라 사회민주주의의 모습으로도 드러난다. 이렇게 서로의 입장을 긍정하며 대화하면 공통의 민주 영역이 부상한다. 일제강점기에 좌파 민족주의자 김원봉과 우파 민족주의자 김구가 민족의 이름으로 독립운동을 함께하기도 했듯이, 대한민국임시정부가 좌·우파가 합작해 통합 정부를 구성했듯이, 사회민주주의와 자유민주주의가 대립으로 점철해야 할 이유도 없는 것이다. '적은 이미 물러갔으니 우리는 증오의 투쟁을 버리고 화합의 건설을 일삼을 때'(김구, 2017: 505)라는 백범의 말은 여전히 진리이다.

그런 눈으로 북한을 보면, 민주의 이름으로 '분단폭력'을 극복해나가는 일이 진보와 보수 모두의 몫이라는 사실도 자명해진다. '다원적 공공철학'을 강조하는 슈메이커의 입장을 다시 빌려오면, '다원적 공공철학에 입각한 진보주의'(가령 건전한 진보), '다원적 공공철학에 입각한 보수주의'(가령 합리적 보수)가 가능하고, 또 그래야 한다는 말이다. 나아가면 이것이 민주유공자와 호국유공자 간 대화가 가능하고 또 가능해야 하는 논리적 이유이기도 하다. 그 심층에 진보와 보수가 일정 부분 합의해 낼 수 있을 공공성의 영역, 민주의 영역이 놓여 있는 것이다.

3) 삼각뿔 보훈, 선제적 보훈과 감폭력의 길

사회적 갈등이라는 것은 크게 보면 세계적 흐름과 그 흐름에 반응하는 자세와 인식의 차이가 사람마다 지역마다 다르다는 데서 비롯된다. 이른바 '근대화'라는 것도 경제 발전과 산업구조의 변동 과정에 기존의 삶의 양식을 넘어서고 그것을 비판하는 전근대주의자의 도전에 다시 응전하며 형성되어 왔다. '근대화'라는 말 자체는 긍정적으로 쓰이는 경향이 있지만, 그 과정에는 변화에 대한 수용과 대응 과정의 입장 차이들 간에 갈등하고 진통을 겪으며 조화시켜 온 역사가 녹아있다. 인권, 민주주의, 법치국가 등의 개념이 익숙해진 것도 변화에 대한 이해가 다양하다는 사실을 인정하면서, 전통적·집단주의적 가치관이 다원적 가치관으로 대체되는 데 따른 것이다. '근대성'도 단수가 아니라, 복수, 즉 '근대성들(modernities)'의 형태로 존재하는 것이다.

문화 혹은 문명에는 갈등이 들어 있게 마련이다. 갈등과 진통을 '덜' 겪을 수 있다면 좋겠으나, 전제 왕조·피식민지·동족상잔의 과정을 연이어 겪으면서도 단기간에 경제와 정치적 발전까지 이룬 한반도에, 게다가 세계에서 유례가 없는 '압축적 근대화'(장경섭, 2009)의 길을 걸어온 한반도에 갈등이 전혀 없다면 그것이

도리어 거짓일 것이다.

중요한 것은 한반도의 남쪽에서 압축적 근대화의 길을 걸었듯이, 이것을 한반도 북쪽에 적용하는 것도 불가능하지는 않다는 것이다. 남북 간 상호 긍정의 길은 이미 2020년 기준으로 한국에 체류 중인 외국인이 220만 명이나 되고, 3만 4천여 명의 탈북민들과 함께 살고 있다는 사실이 그 가능성을 보여준다. 대중매체에서는 다양한 피부색의 외국인들이 단골처럼 등장하며, 온라인상에서의 급격한 지구화 현상은 새삼 거론하지 않아도 될 만큼 자명한 현상으로 다가오고 있다. IT를 선도하는 한국이 지구적 다양성을 먼저 만나게 되는 것도 당연한 이치다. 한국도 탈근대, 세계화에서 초연결·탈민족·다문화 사회로 접어든 것이다.

이런 상황에서는 국가가 권력을 독점하는 단계도 극복의 대상이다. 가능한 한 국가 구성원 모두에게 의미와 가치가 있는 상태를 만들어 가기 위해, 억압과 갈등에 민관 협력의 거버넌스가 필요하다. 좁은 의미의 근대 민족국가보다 '더 큰 대한민국'에 대한 이해와 지향이 필요하다. 보훈도 일방적 국가 주도성을 넘어 국민과 세계시민에 의해 자발적으로 뒷받침되는 문화를 만들어 가야 한다. 그래야 지속적 정당성과 보편성을 확보한다.

급격한 세계화, 초연결의 시대에 보훈이 국제 외교에 기여해야 할 이유도 여기에 있다. 오늘날 한국의 보훈 제도에서는 예우와 보답의 영역을 국제적 차원으로 넓혀야 한다는 사실이 당위로 받아들여지고 있다. 이른바 '국제보훈'의 영역이다. 좁게는 한국전쟁 참전 16개국(의료지원국 전체로 확대하면 25개국) 참전군인에 대한 지원에서부터 인류 공통의 목표인 자유와 평화, 인권과 민주주의라는 가치의 연대에 이르는 과정을 한국이 선도해야 한다는 취지이다. 국내 전쟁 희생자에 대한 예우와 보답을 넘어 전쟁 방지와 인류 평화의 추구로까지 나아가야 하는 것이다. 보훈이 자국 중심의 물질적 지원과 정신적 선양에만 머물지 않고, '전쟁의 과거'와 '평화의 미래'를 연결하는 최고·최선의 연결 고리가 되어야 하는 이유이기도 하다.(박명림, 2021: 8-9)

그럴 때 국민 통합이라는 보훈의 목적을 이루는 데 기여한다. 독립-호국-민주가 기초에서부터 서로 연결되고 상호 보완하면

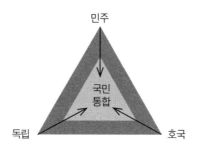

서 국민 통합이라는 큰 목적을 향해 점차 나아가는 모양은 마치 '삼각뿔'과 같다. 세 가지의 상호 연결과 보완을 통해 세계화 시대의 국민 통합으로 나아가는 '삼각뿔 보훈'을 지향해야 하는 것이다. 삼각뿔 보훈은 기존의 거대한 폭력을 줄여 가는 '감폭력(減暴力)'의 길, 그런 의미의 평화 구축을 위한 길이기도 하다.(이찬수, 2021b: 169)

북한과 일본을 품고 한반도 및 동아시아의 평화로 나아가는 보훈, 독립-호국-민주의 세 가치가 서로 연결되고 세계화 시대에 어울리는 평화적 통합을 구심점이자 정점으로 하는 '삼각뿔 보훈'을 한국 보훈의 심층적 내용이자 구조로 만들어야 하는 것이다.

우리 사회 평화에 대한 보훈의 역할

서운석_ 보훈교육연구원

1. 들어가는 글

2007년 5월 16일, 프랑스의 새로운 대통령이 된 사르코지가 한 국가유공자의 기억을 되살리는 행사를 열었다. 취임식 후 레지스탕스가 처형된 불로뉴 숲을 찾아 모케라는 국가유공자의 편지를 낭송한 일이었다. 조국을 위해 나치에 맞선 모케는 현대 프랑스 청년의 귀감이라고 추모하면서, 그의 기일에 고등학교에서 편지를 읽히겠다고 선언했다. 이 모케라는 청년이 어떤 인물인지 간략하게 소개하면, 1941년 제2차 세계대전 당시 나치 치하의 프랑스에서 10월 20일 낭트 지역 독일군 책임자가 암살당했고, 나치는 그 보복으로 레지스탕스 48명을 처형대에 세웠다. 당시 파리에서 유인물을 배포하다 체포된 모케가 이들 중 한 명이다. 이틀 후인 22일 오후 4시에 모케를 포함한 이들이 처형됐다. 당시 17세 소년이었던 모케가 처형을 눈앞에 두고 쓴 편지 내용

중 일부는 다음과 같다.

"사랑하는 엄마, 아빠, 아끼는 동생에게, 전 곧 죽어요. 살고 싶
어요. 하지만 무엇보다 제 죽음이 쓸모가 있으면 합니다. 17년
삶은 너무 짧았네요. 엄마, 용기를 내서 슬픔을 이겨 내겠다고
약속해 줘요. 더 이상 쓸 수가 없어요. 이제 모두를 떠나요. 제
모든 마음을 담아 키스해요. 용기를 내세요!"

이 편지는 용케 부모의 손에 닿았다. 해방 후 모케는 거룩한
영웅이 되었다. 66년 후 이런 영웅의 편지를 낭독한 일로 프랑스
가 새롭게 들끓었다. 국가적 애국심의 발로가 아닌 사회적 반발
로 말이다. 용기와 도덕적 가치라는 숭고한 목적에 봉사하라는
요구가 지금 젊은이들의 현실과 맞지 않는다거나, 세속주의 교
육은 이런 종류의 애국주의 가르침을 금지해야 한다는 비판이
제기됐다. 그러나 사상 왜곡이라는 비판이 가장 뜨거웠다. 모케
는 열혈 공산주의자였다. 함께 처형당한 이들도 모두 공산주의
자였다. 나치만큼이나 자본주의도 증오했다. 시장과 자본 친화
적 보수 진영의 대표적 우파인 사르코지는 이런 맥락은 무시하
고, 모케를 그저 애국자로서만 추모하며 국가적 단합을 기대한

것이었다.(조형근, 2020: 27) 국가를 위해 희생과 공헌을 한 국가 유공자라면 그가 어떤 이념이나 지향을 했는지 상관없이 무조건 선(善)이라는 생각과 이들을 활용하면 국가 정체성이나 국민 통합에 기여할 수 있겠다는 의도가 오히려 역효과를 낸 사례였다고 생각한다. 즉, 오용된 보훈이 사회적 갈등의 단초가 될 수도 있다는 의미이다. 이런 점에서 보훈이 반드시 평화와 자동적으로 연결되는 것은 아니고, 오히려 보훈과 평화가 상호 갈등의 원인이 될 수도 있다는 점을 이해해야 한다. 그래서 보훈과 평화가 적극적인 노력을 통해서 상호 긍정적으로 작용할 수 있도록 하는 방안에 대한 고민은 계속 있어야 한다.

공동체에 대한 자긍심과 애착심을 바탕으로 공동체를 위하여 자발적으로 희생하고 공헌한 국가유공자들을 정당하게 평가하고, 그에 대한 변함없는 보답을 통하여 국민정신을 북돋우고 사회 전반에 명예 존중의 기풍을 확산함으로써 국가의 융성을 뒷받침하는 기제라고 할 수 있는 것이 보훈이다. 그러나 이 사례에서처럼 보훈의 가치가 오용된다면 공동체를 위한 희생과 공헌에 대한 보답이라는 보훈의 본질을 저버리게 되고, 결국은 국가유공자들이 기대한 공동체의 평화에도 역행하는 일이 되어 버린다. 이러한 의미에서 이 글에서는 공동체의 발전과 번영을 위한

보훈과 평화의 동행(同行)적 위치와 한국 사회에서 평화를 위한
보훈의 역할을 살펴보고자 한다.

2. 보훈의 원칙과 현재적 의미

1) 보훈의 원칙과 주요 지원 내용

보훈은 우리 공동체를 유지시켜 주는 주요한 하부 구조물이
다. 그리고 이런 보훈이 원래 목적대로의 역할을 충실히 수행하
기 위해서는 보훈의 원칙이 잘 수립되고 지켜져야 한다. 그리고
보훈 정책이 성공하기 위해서는 희생과 공헌에 대한 정당한 평
가를 통해 그에 상응한 보답이 주어진다는 확신을 줄 수 있어야
한다. 그렇지 않으면 국가 공동체에 대한 자발적 헌신을 기대하
기 어렵기 때문이다. 이런 보훈의 목적과 관련한 몇 가지 기본적
인 원칙들을 살펴본다.

보훈의 원칙과 관련하여 먼저 국가 공동체의 도덕적 책임
(Moral Responsibility)을 들 수 있다. 이 점은 보훈이 법적 책임의
범위를 넘어 윤리적이고 도덕적인 의미가 있다는 뜻이다. 국가

유공자들은 누가 시켜서 그런 공헌과 희생을 한 것이 아니다. 국가유공자들은 윤리적 책임을 누구보다 절실히 깨닫고 다른 사람들이 알지 못하거나 하지 않을 때 먼저 자각하고 나선 사람들이다. 그런 공헌과 희생에는 사회가 윤리적인 차원에서 보상해야 한다. 이런 의미에서 보훈은 손해나 손실의 정도가 아니라 희생이나 공헌 그 자체에 대한 보답으로서 국가가 응당히 찾아서 인정하고 보상하며 예우를 다해야 할 도덕적 책무라는 것이다.

두 번째 원칙과 관련하여 보훈은 사회적 부채라는 점을 들 수 있다. 다시 말해 보훈은 국가 공동체가 공동체의 존속과 발전을 위해 공헌하고 희생한 유공자에 대해 빚을 지고 있고, 그 부채는 국가와 사회가 공동으로 갚아야 한다는 것이다. 이 같은 관념은 1790년 프랑스 국민의회에서 나온 '인정의 부채(Dette De Reconnaissance)'에서 대표적으로 살펴볼 수 있다. 이것은 "공동체를 위해 개인이 희생한 기회의 박탈을 보상하는 것이 아니라 공동체적 양심의 빚을 청산하는 것이며, 공동체를 위한 봉사에 대한 보답이다."라는 원칙이다. 국가유공자는 우리 공동체의 안정과 평화를 위해 큰 기여를 한 사람들이다. 그럼으로 이를 통하여 안정과 평화를 누리고 있는 우리들의 국가유공자에 대한 보답은 당연해야 한다. 그렇기 때문에 보훈은 생활 정도를 고려하는 사회보장과 달리 국가가 반드시 갚아야 할 채무로 간주된다.

보훈의 세 번째 원칙은 최대한으로 보장(National Maximum)해야 한다는 점이다. 국가와 사회는 국가유공자와 가족들이 품위 있고 영예로운 생활을 유지·보장할 수 있도록 충분한 보장을 제공해야 한다. 그러나 여러 여건상 이런 원칙은 우리 공동체가 감당할 수 있는 경제적 능력에 따를 수밖에 없다. 그럼에도 국가유공자에 대한 보상이 필요하다는 인정과 우리가 할 수 있는 최대의 보답이 그 수준이 되어야 한다는 것은 명확해야 한다. 「국가보훈기본법」의 "국가유공자와 그 가족의 영예로운 생활이 유지·보장되도록 실질적인 보상이 이루어져야 한다."라는 규정이 바로 그 같은 원칙을 천명한 것이라고 할 수 있다.

보훈의 원칙과 관련하여 마지막으로 정신적 보답을 들 수 있다. 이는 보훈이 물질적 보답에서 끝나는 것이 아니라 그 희생과 공헌의 가치를 존중하고 계승하는 것이 중요하다는 의미이다. 우리가 국가유공자의 희생과 공헌을 기억하고 기리는 것은 그 애국정신을 이어받기 위한 것이다. 국가유공자의 공헌은 오늘의 우리를 있게 한 근원이다. 오늘의 대한민국은 조국 독립과 국가 수호, 민주화, 그리고 국민의 생명과 재산을 보호하기 위한 국가유공자의 희생과 헌신 위에 서 있는 것이 현실이기 때문이다. 이런 희생과 공헌이 현재의 평화를 누리게 한다. 그러므로 이러한 국가유공자의 뜻을 기리고 공헌에 보답하는 보훈은 우리의 당연한 의무이다. 이런 인식이 사회의 문화가 되고, 이런 문화가 우리 사회에 충실할 때 보훈은 새로운 평화를 여는 매개가 된다.(서운석, 2020a: 44-47)

보훈은 공동체를 위해 희생하거나 공헌한 개인에 대하여 그 국가와 사회 구성원이 예우로 보답하는 책무를 이행하는 것을 말한다. 이러한 보답 행위는 보훈 정책이라는 수단을 통해 실질적·상징적 형태로 행하게 된다. 그래서 보훈 정책의 대상은 국가 공동체의 유지와 발전을 위해 중요한 가치가 부여되어야 할 행위를 실현한 사람들이다. 우리의 보훈 제도가 독립·호국·민주화에 기여한 사람에 대한 예우를 토대로 발전한 것은 결코 우연이 아니며, 국가의 유지·발전의 역사와 맥을 같이하고 있는 것이다. 이런 의미를 지닌 보훈 정책의 주요 지원 내용을 살펴보면 다음과 같다. 먼저 국가를 위한 희생과 공헌에 상응한 보상으로 국가유공자에 대한 예우를 강화하는 것이다. 보상금 급여 지원, 교육 지원, 취업 지원, 의료 지원 등 국가를 위한 공헌과 희생에 대해 영예로운 삶을 보장하는 것이 주요 내용이다. 다음으로 맞춤형 복지 서비스 제공으로 보훈가족의 편안하고 행복한 삶을 보장하는 것이다. 주택 지원, 대부 지원, 보훈복지시설 지원, 재가복지 서비스 지원 등 보훈가족의 편안하고 행복한 삶을 보장하는 방향으로 구성된다. 이와 함께 보훈 선양 활동을 통해 국민의 나라사랑정신을 확산하는 것이다. 정부기념행사, 각종 기념사업, 현충시설물 관리 등 명예 선양을 통한 국민의 나라사랑정신을 확산하는 것이 주요 내용이다. 마지막으로 제대군인의 성공적인 사회복귀를 지원하고 참전용사의 명예를 제고하는 것이다. 교육·주택·대부 및 취업 등 중·장기 복무 제대군인의 안정적 사회 복귀 지원과 참전용사에 대한 감사와 명예를 선양하는 것이 주요한 내용이 된다.(서운석, 2020a: 31-32)

2) 한국 사회에서 보훈의 현재적 의미

한국 사회에서 보훈의 현재적 의미를 생각해 보고자 한다. 보훈의 주요 영역은 독립·호국·민주로 크게 구분할 수 있고, 이들 3개 영역에서의 희생과 공헌이 오늘의 대한민국을 만든 세 기둥이라고 할 수 있다. 이런 인식을 바탕으로 한국 사회에서 보훈의 현재적 의미를 살펴보고자 하는데 먼저 독립과 관련하여 살펴보고자 한다.

독립운동과 관련하여 가장 중요한 사건 중의 하나가 3·1운동이다. 우리 사회의 독립정신을 대표하는 3·1운동이 현재 우리 사회에 주는 의미를 살펴보는 것이 독립과 관련한 보훈의 현재적 의미를 살펴보는 데 도움이 될 것으로 판단한다. 이에 3·1운동에 대한 우리 사회의 인식을 조사한 자료를 살펴보고자 한다. 3·1운동과 임시정부 수립 100주년을 맞아 한 언론기관이 조사한 국민인식 조사 결과를 보면, 국민 열에 여섯은 3·1운동 정신이 '잘 계승되지 않고 있다'고 인식하는 것으로 나타났다. 3·1운동의 '핵심 정신'과 그 '계승 방법'으로는 공히 '친일 잔재 청산'이 중요하다고 보는 국민이 가장 큰 비중을 차지했다. '일본군 위안부'와 강제징용 문제 등 여전히 해결되지 않은 일제 잔재에 대한 문제 인식이 반영된 것으로 풀이된다. "3·1운동 정신의 핵심은 무엇이라고 보는가?"라는 질문에는 '친일 잔재 청산 등 역사 바로 세우기'(43%)가 첫손가락에 꼽혔다. '국민주권과 참여'(22.7%)와 '자주독립'(20.8%), '평화와 인권'(13.5%)이 뒤를 이었다.

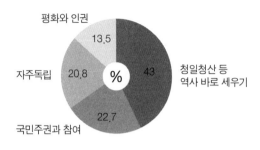

〈그림 1〉 3·1운동 정신의 핵심

평화와 인권 13.5

자주독립 20.8 % 43 청일청산 등 역사 바로 세우기

국민주권과 참여 22.7

출처: 한겨레(2019: 3)

3·1운동 정신의 계승 방법으로도 '친일 잔재 청산'이 가장 높은 비중(31.9%)을 차지했다. 이어 '3·1운동사 발굴 지원 등을 통한 역사 보완'(25.8%), '역사 교과서에 3·1운동 내용 보완'(24.3%), '공연·전시 등을 통한 국민적 관심 확산'(17.5%) 등이 꼽혔다. 그리고 국민 10명 중 5명꼴로 3·1운동 100주년을 맞아 '제2의 독립선언서가 필요하다'고 보는 것으로 나타났다. 그 선언서에는 한반도와 세계평화를 염원하는 내용이 담겨야 한다는 데 가장 많은 의견이 모였다.(《한겨레》, 2019: 3) 이처럼 3·1운동 정신의 핵심과 제2의 독립선언서 내용과 관련된 우리 사회의 인식을 보았을 때 독립과 관련한 한국 사회에서 보훈의 현재적 의미는 특히 평화

와 인권으로 연결될 수 있음을 알게 한다.

위에서 보훈의 주요 영역 중 하나로 호국을 들었다. 우리 사회에서 호국과 관련하여 가장 대표적인 사건이 한국전쟁이고, 한국전쟁의 국제적 성격상 유엔 참전이 매우 중요한 부분을 차지하고 있다. 이에 따라 한국 사회에서 보훈 영역 중 호국의 현재적 의미로 보훈외교를 생각해 볼 수 있다. 오늘날의 외교 주체는 외교관 등에 한정되어 있지 않다. 최근 들어서는 특히 문화적 힘이 갈수록 강조되고 있기도 하다.

이런 면에서 한국전쟁에 참전한 22개국 참전용사들은 우리의 외교적 자산인 셈이다. 보훈은 과거에 대한 것이지만 미래로 나아갈 수 있는 토대가 되어 주기도 한다. 보훈외교는 지난 한국전쟁 때 우리나라에 와 우리를 도와준 분들을 기억하자는 것이다. 보훈외교라는 것은 세계 어떤 나라도 가지기 어려운 훌륭한 외교 자산이다. 이런 배경을 바탕으로 한국 사회에서 호국과 관련한 보훈의 현재적 의미는 한반도의 평화와 이를 확장한 국제평화라고 생각한다. 보훈이 과거이자 현재이고 미래인 까닭은 아픈 역사인 한국전쟁을 통하여 다시는 이런 비극적 역사를 되풀이하면 안 된다는 국내적 교훈이고, 유엔참전용사들이 전하는 평화에 대한 국제적 메시지이다.

한국 사회에서 보훈의 현재적 의미와 관련하여 보훈의 영역 중 민주와 관련하여 살펴보겠다. 우리 사회의 민주화를 위해 목숨까지 바쳤던 이들이 원했던 것은 무엇이었을까? 국가의 주권이 국민에게 있고, 국민을 위하는 사회를 만들자는 것이 이들의 목적이었을 것이다. 이런 사회는 당연히 평화를 가장 중요한 가치로 삼을 것이다. 사회가 민주화되면서 사람들의 권리의식도 높아지고 이에 따라 해결하기 어려운 갈등이 더 늘어날 수밖에 없다. 그러나 모든 사람이 자기 입장에서 자유와 평등만을 내세우다 보면 나라는 발전할 수 없다. 국가의 주인은 나뿐만이 아니라 국가를 이루는 모든 구성원이기 때문이다. 따라서 민주국가라도 모든 국민의 인간 존엄성, 자유와 평등을 실제로 이루어 내는 것은 쉬운 일이 아니다. 이런 의미에서 특히 평화에 대한 필요와 가치가 두드러진다고 할 수 있다. 이런 의미에서 한국 사회에서 보훈의 현재적 의미 중 특히 민주의 의미는 바로 평화라고 생각한다. 평화는 민주를 위한 가장 중요한 기초이기 때문이고, 이와 같은 평화를 달성하는 것이 바로 보훈의 민주적 의미이기 때문이다.

3. 평화에 대한 인식과 보훈과의 관련성

1) 우리 사회의 평화에 대한 인식

위에서 평화와 관련하여 한국 사회에서 보훈의 현재적 역할을 알아본다고 했지만 평화에 대한 사회적 인식을 살펴보는 데는 사실 제한이 많다. 평화라는 말 자체에 대한 인식이 사람마다 제각각일 수밖에 없고, 평화를 한마디로 정의하는 것도 쉽지 않기 때문이다. 이와 관련하여 우리 사회에서 평화라는 말에 떠오르는 인식을 살펴보겠다. 통일연구원의 한 연구를 보면, 국민 1,000명을 대상으로 '평화'라는 단어를 보고 생각나는 단어 3개가 무엇인지를 물어보는 단어연합검사를 했다. 응답자들이 제시한 3천 단어의 빈도를 조사해 보니, '비둘기'(13%)를 가장 먼저, 그리고 가장 많이 떠올렸다. 다음으로 통일(9.9%), 자유(7%), 행복(5.9%) 순이었다. 20대를 빼면 모든 연령, 성별, 이념 등은 차이가 없었다. 20대도 비둘기-통일-행복-자유 순이었다. 특히 세 단어 중 가장 먼저 응답한 단어를 보면, 21.1%가 비둘기를 가장 먼저 답하였다. 다음으로 17.5%가 통일이라고 답했다. 이런 조사 결과를 보면, 비둘기와 통일 같은 평화를 상징적으로 보여주는 단어가 23%로 가장 많은 비중을 차지했다. 두 번째로는 개인의 긍정적 정서를 나타내는 행복(5.9%), 사랑(2.5%) 등이 8.4%였다. 이에 비해 공공 권리 범주에 속하는 단어는 자유(7%)가 유일했다. 폭력 범주에 해당하는 단어는 전쟁(2%), 폭력의 부재 범주에 해당하는 단어는 비핵화(1.7%)로 비중이 낮았다. 이를 두고 연구진은 전반적으로 우리 국민들은 평화의 의미를 상징, 개인의 긍정적 정서(행복·사랑), 공공의 권리(자유), 사회적 질서, 마음의 평온, 관계, 폭력, 폭력의 부재 순으로 인식하고 있다고 분석했다.(박주화 외, 2018)

이렇게 평화를 생각할 때 비둘기를 가장 먼저 떠올리는 우리 사회의 반응은 보편적인 것일까? 이번 결과를 2011년 덴마크인과 미국인 812명을 대상으로 실시한 평화인식조사(단어연합검사) 결과와 비교해 보면, 덴마크인과 미국인이 평화와 관련하여 비둘기를 언급한 경우는 24회로 단 1%에 불과했다. 미국과 덴마크 사람이 가장 많이 언급한 단어는 자유(7.9%)였고, 행복(6.4%)·조화(5.8%)·사랑(5.4%)·번영(4.8%) 등이 그 뒤를 따랐다. 두 나라 사람들의 응답에선 자유와 평등, 민주주의를 포함한 공공 권리에 관한 단어가 12.6%로 가장 많았다. 이런 차이에 대해서 생각해 보면, 우리 사회는 평화를 삶의 방식이나 삶의 조건이 아닌 추상적인 상징으로 인식하고 있다고 추론할 수 있다. 비둘기와 통일 같은 평화를 상징적으로 받아들이는 우리 사회의 평화 인식은 분쟁과 폭력을 장기적으로 겪고 있는 지역 사람들이 보이는 평화 인식과 유사하다고 할 수 있다. 고질화된 분쟁 속에서 과정이 생략된 목표로서 평화는 실체가 없으며 유토피아적인 성격이 강하고, 삶과 유리돼 있으며 어떻게 목표를 달성할 것인지에 대한 논의도 부족하다. 이런 현실이 우리 사회에서 평화 하면 비둘기를 가장 먼저 떠오르게 하는 원인이라고 할 수 있다. 전쟁을 경험하고 70년 넘게 분단이 지속된 한국인의 평화 인식에서 폭력과 폭력의 부재가 차지하는 비중이 낮은 것은 비평화 상태가 오래 지속되면서 비평화 상태가 일상적인 삶이 된 것이라고 볼 수도 있다.(권혁철, 2018: 17)

〈그림 2〉 평화 연관 단어 모음

출처: 권혁철(2018: 17)

우리 사회의 평화에 대한 인식과 관련하여 이번에는 우리 사회에서 '평화'라는 단어 자체에 따르는 뉴스 연관어를 통한 인식을 살펴본다. 이는 검색 기간을 최근 1년으로 하고, 검색 엔진은 네이버로 한정하며, 분석 뉴스 건수는 '평화' 키워드와 연관성이 강한 100건을 대상으로 하였다. 이런 워드클라우드 분석 결과를 보면, 가중치가 높은 연관어로 먼저 '문재인 대통령'이 상대적으로 가장 중요한 연관어로 등장했다. 다음으로는 '이재명 경기도지사'가 중요하게 등장했다. '경기도'와 '정의용 외교부 장관' 등의 연관어가 그다음으로 나타난 점에서도 유추해 볼 수 있듯이 현재 한국 사회에서 평화는 주로 정치적인 이벤트나 메시지를 통해 주로 형성되고 있다고 판단된다. 이는 위에서 통일연구원 분석에서도 지적되었듯이 우리 사회의 평화는 예를 들어 휴전이라는 항시적인 분쟁 과정 속에서 평화를 향한 구체적인 일정은 모호하고, 이에 더해 가시적 목표가 제시되지 않은 추상적인 사회 상황에서 그때그때마다의 정치적인 이벤트나 메시지에 의거하여 평화를 평가하는 경향이 있다고 판단된다.

우리 사회 평화에 대한 인식을 간략하게나마 살펴보았는데 이를 통해 생각해 볼 수 있는 지점이 있다고 본다. 이와 관련하여 대표적으로 우리 사회의 평화 인식은 현실과 괴리되어 있다는

〈그림 3〉 평화 워드클라우드 분석 결과

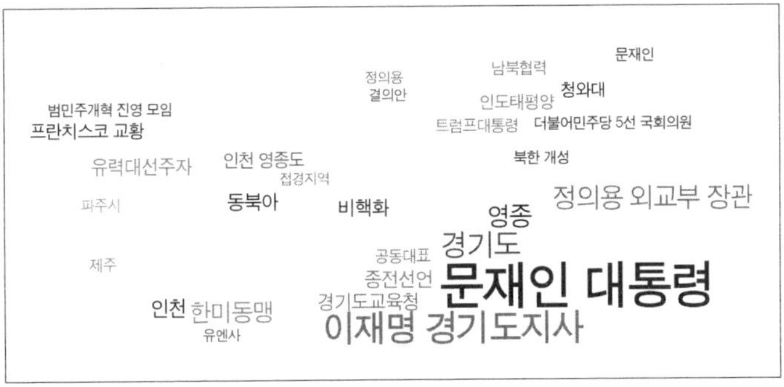

점을 들 수 있다. 우리 현실은 경제적인 사정들과 동떨어져 생각할 수 없는 상황이다. 그럼에도 평화와 관련하여 경제적 측면이 반영되지 못하고 있다는 점이 이를 일부 증명한다. 평화와 관련한 연관에서 소득, 경제, 번영, 풍요 등 경제적 특성을 의미하는 단어가 나타나는 경우가 매우 드물었다. 평화와 경제적 가치가 연결되지 않고 있다는 의미이고, 우리 사회에서 평화의 가치는 경제적인 관점에서 인식되고 있지 않음을 시사한다. 이는 우리 사회의 평화 인식이 현실에 굳건하게 기반하고 있지 못하고 있음을 나타낸다고 본다.

2) 우리 사회의 평화와 보훈과의 관련성

(1) 평화를 위한 보훈의 의미

탑골공원에서 시작된 3·1독립운동은 자유와 독립의 외침이었다. 독립운동은 식민 지배를 통한 일제의 수탈로부터 일상의 삶을 회복하기 위해 온 민족이 함께한 운동으로, 우리 민족을 하나로 묶는 통합의 함성이 되었다. 독립운동으로 우리는 식민지 극복의 동력을 찾았고, 민족의 도약을 시작할 수 있었다. 3·1운동이 낳은 대한민국임시정부는 세계사에서 전무후무한 27년간의 독립운동을 전개했고 결국 오늘의 민주공화국 대한민국이 탄생할 수 있었다. 임시정부는 고난과 역경의 길을 걸었지만, 결코 혼자인 적이 없었다. 국내와 중국, 연해주의 동포는 물론 하와이를 비롯한 미국의 동포들, 멕시코의 사탕수수 농장과 쿠바의 동포들까지 피와 땀이 담긴 성금을 임시정부에 보냈다. 우리의 독립운동이 위대한 것은 빼앗긴 나라를 되찾기 위한 항전 속에서 민족의 역사를 변화시키고 평화적 역량을 발전시킨 것이다. 이런 과정을 통해 우리는 광복을 이룰 수 있었다.

그러나 이런 기쁨도 잠시뿐이었고 우리는 분단과 동족상잔의 아픔을 맞이해야 했다. 1950년 일어난 6·25전쟁으로 평화가 후

퇴했고, 경제적으로도 참혹한 피해를 입었다. 6·25전쟁으로 100만 명에 달하는 민간인이 사망 또는 부상으로 희생되었다. 10만 명의 아이들이 고아가 되었으며, 320만 명이 고향을 떠났고, 천만 명의 국민이 이산의 고통을 겪어야 했다. 전쟁에서 자유로울 수 있는 사람은 단 한 명도 없었다. 이 전쟁으로 인하여 산업 시설의 80%가 파괴되었고, 당시 2년 치 국민소득에 달하는 재산이 잿더미가 되었다. 사회경제 기반과 삶의 터전이 무너졌다. 전쟁이 끝난 후에도 남과 북은 긴 세월 냉전의 최전방에서 맞서며 국력을 소모해야만 했다.

이처럼 6·25전쟁 이후 우리 사회는 세계적인 빈곤 수준에 직면하여 이를 극복하는 것이 최고의 목표가 되었다. 그러나 수많은 위기를 겪어 온 우리 사회는 이 또한 성공적으로 헤쳐 나올 수 있었다. 우리 사회가 원조를 받는 가장 가난한 나라에서 현재 세계 10위권의 경제 강국이 된 것이 바로 그 증거가 된다. 이런 경제개발 도중에는 국가의 이름으로 개인의 희생을 요구하고, 인권을 억압하던 시대도 있었다. 그렇지만 우리 사회는 자유와 평등, 존엄과 안전이 국민 개개인의 당연한 권리가 되게 하는 노력도 멈추지 않았다. 이렇게 우리 사회는 경제성장과 더불어 독재에 맞서 민주주의와 평화를 이룩하는 놀라운 성과를 달성했다. 이런 과정에 우리 사회를 선도한 사람들이 국가유공자이다. 국가유공자의 공헌과 그들이 전한 가치는 현재 우리 사회가 정의와 평화, 민주를 향해 전진하게 하는 원동력이 되고 있다.

이처럼 독립과 호국, 민주가 오늘 우리가 누리는 우리 사회 평화의 뿌리이다. 나라를 지켜 낸 긍지가 민주주의로 부활했고, 가족과 이웃을 위해 수많은 헌신을 낳는 것이다. 독립·호국·민주유공자들은 각자 시대가 요구하는 애국을 실천했고, 새로운 시대정신과 역동적인 역사의 물결을 만들어 냈다. 그리고 이 같은 애국은 오늘 서로를 이해하고 존중하는 마음으로 더욱 강해지고 있다. 이를 바탕으로 서로 양보하고 타협하며 상생 협력의 길을 넓히고 있기 때문이다. 그리고 당연히 이런 노력이 평화를 유지하는 바탕이 된다.

평화는 말 그대로 평온하고 화목함을 의미하고, 좀 더 구체적으로는 전쟁, 분쟁 또는 일체의 갈등이 없는 평온함이나 그런 상태를 의미한다. 국가유공자들은 결국 우리 사회의 평화를 위해 희생하고 공헌한 사람이라고 할 수 있다. 그래서 평화는 국민이 마땅히 누려야 할 권리가 되고 있으며, 두 번 다시 전쟁이 없는 평화의 한반도를 만드는 것은 국민이 부여한 국가의 중요한 책무인 것이다. 이에 따라 우리 사회의 평화와 보훈의 관련성을 요약하면, 오늘 우리가 누리고 있는 평화는 자신의 모든 것을 조국과 사회에 바친 국가유공자들의 희생과 헌신 위에 서 있으며, 보훈은 국가와 공동체를 위해 생명까지 바칠 수 있는 애국심의 원천이라는 점이다. 그래서 우리 각자와 정부는 평화를 지키고 평화를 만들기 위해 각자의 위치에서 전력을 다해야 한다는 점이다.

(2) 평화와 보훈의식과의 관련성

다음으로 우리 사회의 평화와 보훈과의 관련성을 특히 보훈의식과의 관련성을 통해 살펴보겠다. 독립운동은 일부 민족지도자들이 시작했지만, 온갖 탄압을 이겨 내며 이를 전국적인 물결로 확산시킨 주체는 평범한 보통 사람들이었다. 임시정부의 독립운동은 단지 '반일'에 머물지 않았다. 독립 정신은 '자주독립'과 함께 인간의 존엄을 본질로 하는 '자유평등', 성별, 빈부, 지역, 계층, 이념을 아우르는 '화합'과 '인류애'라는 위대한 평화의 정신을 유산으로 남겨 주었다. 국립대전현충원의 현판은 안중근 의사의 글씨체로 되어 있다. 안중근 의사가 마지막으로 남긴 글씨는 '위국헌신 군인본분(爲國獻身 軍人本分)'이었다. 이는 독립군을 거쳐 지금의 우리 군까지 이어지고 있는 군인 정신의 정수라고 할 수 있다. 1940년 대한민국임시정부가 창설한 광복군의 뿌리가 독립군이었다. 해방 후 많은 독립군, 광복군이 국군이 되었다. 독립 정신을 호국 정신으로 계승하여 6·25전쟁에 참전했다. 그리고 2018년 국방부는 독립군과 광복군을 국군의 기원으로 공식 확인했다.

독립운동에 이어 평범한 사람들이 위대한 애국자가 된 것은 6·25전쟁이다. 농사를 짓다 말고, 학기를 다 마치지도 못하고, 가족을 집에 남겨 두고 떠난 우리의 이웃들이 낙동강 전선을 지키고 서울을 수복한 영웅이 되었다. 6·25전쟁을 통하여 국가의 존재가치를 체감하며 애국심이 고양되었고, 평화의 소중함을 자각하게 되었다. 그리고 어떤 난관도 극복할 수 있는 자신감의 원천도 이 6·25전쟁이었다.

4·19혁명과 5·18민주화운동은 대한민국 평화와 민주주의의 굳건한 뿌리다. '주권재민'을 훼손한 권력을 심판하고, 정치적·사회적 억압을 무너뜨린 혁명이었다. 이를 통하여 국민 한 사람 한 사람의 힘이 모여 "대한민국의 주권은 국민에게 있고, 모든 권력은 국민으로부터 나온다."라는 민주공화국의 원칙을 다시 일으켜 세웠다. 이런 과정에서 학생들은 학원 민주화를 외쳤고, 노동자들은 노동조합을 조직했으며, 시민들은 민주시민의 길을 열었다. 이를 통해 결과적으로 우리 사회의 평화를 달성했다.

이런 우리 역사의 주요 장면과 이를 이룬 국가유공자들을 볼 때 보훈의 주요 영역인 독립·호국·민주가 오늘의 대한민국을 만든 애국의 세 기둥임을 알 수 있다. 여기에 국민의 생명과 재산 보호를 위한 국가유공자의 희생과 헌신 역시 대한민국의 평화와 번영을 이루는 밑거름이 되었다. 이에 우리 사회는 이러한 국가유공자들의 숭고한 희생과 헌신을 국민들과 함께 기억하고 보답하며, 보다 나은 미래 대한민국을 위해 국민 통합 시대를 여는 토대를 마련하는 데 최선의 노력을 다해야 할 것이다. 이를 볼 때 독립·호국·민주에 헌신한 국가유공자와 가족들에 대한 보훈과 예우는 국가와 사회의 존재가치와 품격을 가늠하는 척도라고 할 수 있다.

그럼 평화와 관련하여 이런 보훈의 가치를 현재 시점에서 다시 보면 무슨 의미일까? 먼저 독립유공자들을 중심으로 많은 백성들이 희생하고 공헌한 광복이 현재 시점에서 주는 의미는, 평화롭고 안전한 통일한반도에서 한 사람 한 사람의 꿈과 삶이 보장되는 것일 것이다. 우리가 평화를 추구하고 남과 북의 협력을 추진하는 것도 남과 북의 주민 모두가 안전하게 함께 잘살기 위해서이다. 이것이 선열들이 바란 미래이고 보훈의 가치일 것이다. 이를 위해서는 현재 전 세계가 공동으로 대처하고 있는 코로

나에 대한 방역 협력과 기후변화로 그 위험성이 더욱 커져가는 공유 하천의 공동관리 등 남북의 주민들이 평화의 혜택을 실질적으로 체감하게 하는 노력들이 필요하다. 이런 노력들이 한반도에서 살아가는 모든 사람의 생명과 안전을 보장하는 현재 시점의 평화이자 안보가 될 것이다.

다음으로 평화와 관련하여 호국의 현재적 가치를 살펴보면, 평화는 안보가 선행되어야 비로소 가능하다는 사실이다. 보훈 정책이 제2의 안보 정책이라고 하는 것에서 알 수 있듯이 우리 사회의 평화를 위해서는 굳건한 안보의식과 보훈의식이 동반하여야 한다. 그리고 이런 안보는 국방에 한정되는 문제가 아니다. 예를 들어 코로나19 등 우리 사회의 안전과 평화는 다양한 조건에 의해 영향을 받는다. 그리고 우리 사회의 평화는 특히 남북문제와 밀접한 관련이 있다. 이를 해결하는 것이 우리 사회의 평화를 유지하고 확장하는 데 가장 중요한 과제이고, 우리 사회의 노력이 집중되어야 하는 영역이다. 코로나 시대 새로운 안보 상황에서 이런 문제들을 해결하기 위해서는 한반도를 평화공동체, 경제공동체와 함께, 생명공동체로 전환하기 위해 상생과 평화의 물꼬가 열려야 한다. 이를 위한 노력들은 남북 모두에게 핵이나 군사력의 의존에서 벗어날 수 있는 최고의 평화 정책이자 안보 정책이 될 수 있기 때문이다.

마지막으로 민주의 가치가 우리 사회의 평화를 위해 오늘에 전하는 의미는 무엇일까? 민주는 피를 요구했다는 역사적 사실을 잊지 않는 것이 우선 중요하다. 오늘의 민주를 위해 수많은 사람들이 죽었고, 현재 이를 바탕으로 살고 있는 사람들은 죽은 자들의 부름에 응답하며, 민주주의를 실천해야 한다는 점이다. 그리고 민주정신은 더 널리 공감되어야 하고 세대와 세대를 이어 거듭 새롭게 태어나야 한다. 민주정신은 현재와 미래 세대의 평화와 경제를 더 풍요롭게 하고, 직면하는 문제들과 갈등들을 해결하는 지침이 된다. 지금 코로나라는 엄중한 상황을 헤쳐 나가는 힘도 평화와 민주정신에 기반을 둔 자율적 시민의식에서 비롯되었음을 알 수 있다. 시민들은 나보다 우리를 먼저 생각하며 불편을 감내해 주었고, 이를 통하여 함께 어려움을 이겨낼 수 있었다. '위드 코로나'의 상황에서도 우리는 이런 가치를 확장하여 다시 개방성, 투명성, 민주성을 기반으로 한 연대와 협력의 힘으로 위기를 극복해 나갈 수 있을 것이다. 이런 노력이 결과적으로 우리 사회의 평화를 이룩하는 원천이다.

3) 생활 속 평화를 위한 보훈의 기여

평화를 위한 보훈의 기여와 관련하여 먼저 우리 주변의 보훈에 대해 생각해 볼 수 있다. 평화는 우리 주변에서 달성될 때 가장 의미가 있기 때문이다. 이에 생활 속 평화를 위한 보훈의 기여를 생각해 본다. 2019년 12월 처음 발생한 이후 중국 전역과 전 세계로 확산된, 새로운 유형의 코로나바이러스에 의한 호흡기 감염질환이라고 정의할 수 있는 코로나19로 인해 우리뿐만 아니라 전 세계가 평화롭지 못한 사정이다. 치료제가 아직 나오지 않은 시점에서 지금 이웃을 위해 매일 마스크를 챙겨 쓰는 국민의 손길과 사회적 거리두기를 실천하는 국민들의 가슴속에는 국난 극복을 위해 함께한 보훈의식이 있는 것이다. 위에서 보훈의 주요 영역인 독립·호국·민주의 가치를 현재 시점에서 다시 검토해 보았다. 이를 통하여 보훈의식은 국가 공동체를 위한 희생과 공헌의 정신을 바탕으로 국가와 사회의 평화와 발전에 기여하게 하는 의식임을 알 수 있다. 이를 다시 표현하면 보훈의식은 국민으로서의 자긍심과 올바른 역사의식을 통하여 우리 공동체의 평화와 안녕을 위한 원동력으로 작용하게 하는 의식이라고 볼 수 있다. 이런 점을 종합적으로 고려하면 보훈의식이 바로 공동체의 일원으로서 우리 사회의 평화를 유지하고 발전시켜 나가는 가치와 태도에 연결된다는 것을 알 수 있다.

이런 관점에서 생활 속 평화를 위한 보훈의 역할을 대표적인 영역을 통해 생각해 볼 수 있다. 먼저 재난 앞에서 가장 먼저 떠오르는 소방을 들 수 있다. 우리가 가장 흔하게 접하는 것 중의 하나가 구급차 소리와 화재 소식이다. 2020년 10월 울산 화재 당시 33층에서 일가족 세 명을 업고 내려온 소방관들에게, 구조된 가족들은 '안전모를 쓴 신(神)'이 나타난 것 같았다고 말했다. 우리 사회의 소방관과 구급대원들은 "우리가 할 수 없다면, 그 누구도 할 수 없다."라는 각오로 각자의 자리에서 임무를 수행하고 있다. 위에서 보훈의식은 국가 공동체의 평화를 위한 희생과 공헌의 정신을 바탕으로 국가와 사회에 기여하게 하는 의식이라고 하였다. 우리 주변에서 필요할 때 언제나 도움을 주는 소방관들의 이런 자세가 보훈의식의 실현이자 우리가 주변에서 접하는 평화를 위한 보훈이라고 할 수 있다. 그러면 우리가 이들의 보훈의식에 보답하는 것은 무엇일까? 이는 바로 안전이다. 위험은 늘 한 치의 방심을 틈타기 마련이다. 이에 가족과 이웃을 지키려는 자세가 바로 우리 본인과 우리 사회의 평화와 안전한 미래를 열고 나갈 수 있는 해답인 것이다.

소방과 더불어 국민이 있는 곳이라면 우리 사회 어디에서든 경찰이 함께하고 있어 참으로 든든하다. 우리 국토 최동단 독도 경비대를 비롯하여, 최남단 마라도와 서남단 가거도에도 24시간 경찰들이 봉사하고 있어, 우리는 평화와 안전을 보장받고 있다. 이런 봉사와 헌신이 생활 속 평화를 위한 기여이고, 이런 자세와 의식이 바로 보훈의식의 확장이다. 그래서 도움을 바라는 사람이 있는 곳이라면 언제 어디든 가장 먼저 달려가는 경찰에게 존중과 사랑을 표현하는 것은 희생과 헌신에 보답하는 보훈의식의 자연스런 발현이라고 할 수 있다.

우리나라 정부는 '제2연평해전'과 '천안함 피격', '연평도 포격 도발'로 희생된 서해 수호 55용사를 기리고, 한반도의 평화 정착과 국토 수호 의지를 다지기 위해 지난 2016년부터 3월 넷째 금요일을 '서해수호의 날'로 지정해 매년 기념식과 관련 행사 등을 추진해 오고 있다. 호국과 관련한 보훈의 가치가 잘 표현되는 기념일이라고 할 수 있다. 지금 이 순간에도 우리의 바다를 빈틈없이 지키는 해군 장병들뿐만 아니라 육군과 공군 장병들이 있어 현재의 평화와 안전을 누릴 수 있는 것이다. 서해 수호의 희생과 공헌이 있었기에 대결에서 평화로 바뀐 바다에서 우리 어민들은 더 넓어진 어장, 더 길어진 조업시간과 안전을 보장받으며 생업을 이어 가고 있는 점이 더욱 중요하다. 우리 사회는 누구도 넘볼 수 없는 포괄적 안보 역량을 믿고 경제활동 등 개인들의 업무에 집중하고 있다. 우리 주변에서 평화와 관련하여 보훈의식과 보훈의 가치가 발현되는 대표적인 영역이라고 할 수 있다. 이런 헌신에 대해 감사할 줄 알고, 제대군인 지원에 대해서도 공감하며 이들이 자긍심을 느낄 수 있도록 하는 것이 자연스런 보훈의식이자 평화시민의 자세이다.

우리 주변의 평화를 위한 기여와 관련하여 의료진도 대표적인 사례이다. 독립운동가 이상설 선생의 외손녀 이현원 중위는 국군간호사관학교 1기생으로 1953년 3월에 임관해 6·25전쟁에 참전했고, 간호장교가 절대적으로 부족하던 시절, 헌신적으로 장병들을 돌보았다. 독립군의 딸, 고(故) 오금손 대위는 6·25전쟁 때 '백골부대' 간호장교로 복무했고, 전역 후 오지의 환자들과 가난한 독립운동가들을 돌보았다. 이런 간호장교들의 사례에서 볼 수 있듯이 헌신하는 의료진들이 있어 가장 위태롭고 절박한 순간에도 우리 국민들과 병사들은 삶의 희망을 가질 수 있었으며, 이 역사는 오늘에도 이어지고 있다. 코로나19가 맹위를 떨치던 2020년 3월, 국군간호사관학교 60기 졸업생 75명이 임관과 동시에 코로나와 힘겨운 싸움을 벌이던 대구로 향했다. 이 신임

의료진은 모두 맡은 임무를 당당히 완수하며, 국민들에게 커다란 용기와 자부심을 주었다. 이와 함께 2019년 2월 설 명절 응급의료 공백을 막기 위해 퇴근도 미루고 일하다 과로로 숨진 윤한덕 중앙응급의료센터장도 대표적인 희생과 공헌의 사례로, 국가사회발전 특별공로자로 인정받고 있다.

이처럼 우리 주변에서 평화를 위한 보훈의식을 실천하는 사례들을 보면 평범하기 이를 데 없다. 평화를 존중하고 실천하는 태도를 지니고 개인적 행복을 추구하는 동시에 국가와 사회의 발전에 관심을 갖고 자신이 할 수 있는 역량으로 공헌하는 사람이 보훈을 실천하는 사람이다. 이런 실천은 공동체를 유지하고 발전시키기 위해 필수적으로 보유해야 할 것이기 때문에 보훈은 평화를 위한 시민의 가장 기본적인 책무일 뿐 아니라 국가와 사회를 위한 근본이다.

4. 평화를 위한 보훈의 역할 강화

1) 남북한 평화를 위한 보훈의식 확대

현재 평화를 위해 보훈을 확대하자는 의미는 우선 지난 100여 년간 우리 사회가 겪은 제국주의의 고통, 일제 강점 36년간의 억압, 분단 76년을 지나는 아픔을 기억하는 것이다. 이런 기억이 일제 잔재 청산, 분단 극복, 평화통일의 문을 여는 일에 선행하기 때문이다. 우리 사회 근현대사의 기억은 중립적 정보 기억이자 동시에 가치판단의 자리이다. 이런 동시적 역할을 해야 비로소 진정한 평화와 변혁의 동력이 될 수 있기 때문이다. 역사적 기억은 우리 사회가 자기 삶의 자리에서 과거를 극복하려는 의지의 바탕이 되고, 더 평화로운 미래를 만들려는 의지와도 연결된다.

평화를 위한 보훈의 확대와 관련하여 먼저 독립 영역을 살펴보면, 독립운동의 핵심 가치는 비폭력·평화이다. 우리 선조들은 일제의 총칼에 태극기를 들고 평화와 자주를 외쳤다. 그만큼 평화를 위한 우리 사회의 변화에 대한 가능성도 높게 보여주었다. 독립운동의 핵심 중 하나인 3·1운동을 보면, 당시에는 정부는커

녕 시민사회도 없었다. 그런데도 나이, 성별, 종교, 계급의 차이를 넘어 인구의 10%가 넘게 태극기를 들고 거리에 나와 만세를 외쳤다. 세계사적으로도 평화의 가치를 구현한 보기 드문 사례이다. 국군주의 식민 상태에서 평화의 자세로 독립과 자유를 요구한 것은 역사적 의미를 넘어 미래적 의미가 있다고 본다.

평화를 위한 보훈의 미래적 의미와 관련하여 이런 독립정신을 우선 남북 화해에 적용할 수 있다. 1945년 8월 해방과 함께 남북은 본의 아니게 분단됐다. 대표적으로 당시 독립운동가인 백범 김구 같은 분들이 국토 분단이 국가적 분단으로 이어지면 평화는 요원해지고 진정한 광복은 물 건너간다고 호소하며 평화와 통합을 위한 길에 앞장섰다. 그러나 알다시피 남과 북은 1948년 각기 단독 정부를 세운 뒤 6·25전쟁의 아픔을 겪으며 이후 서로를 최대의 적으로 삼으며 평화의 최고 걸림돌로 치부하고 있다. 이런 사정은 보훈의 진정한 의미를 훼손하는 일이다. 그래서 평화를 위한 보훈의 확대와 관련하여 남북 화해는 가장 먼저 거론해야 하는 일이 되었다.

다행히 남북 간의 평화를 위한 노력이 계속 이어지고 있다. 특히 2018년 2월 9일부터 2월 25일까지 강원도 평창군에서 열렸던 제23회 동계올림픽경기대회를 계기로 남북 평화를 위한 일정이 시작되었다. 이후 같은 해에만 4·27판문점선언, 6·12싱가포르 북미정상회담, 9월 평양공동선언 등이 연달아 있었다. 이런 굵직한 행사 이후에도 남북은 여전히 갈등이 많지만 한반도 평화 과정은 남북철도협력사업, 비무장지대 철수 등 계속해서 평화를 위한 노력을 이어나갈 것으로 보인다. 이를 위해서는 합리적 원칙과 구체적 정책이 필요하고, 이에 평화를 위한 보훈의 역할이 기여할 수 있다고 본다. 이와 관련하여 독립정신에서도 볼 수 있었듯이 남북문제는 한반도에 국한된 평화가 아니라 남한과 북한, 동북아 이웃 국가, 국제사회와 함께 한반도와 동북아를 아우르는 평화와 번영을 구현하는 것을 목표로 삼아야 한다. 그리고 이런 원칙을 위해서는 먼저 평화가 최우선적인 가치가 되어야 한다. 평화는 우리가 추구해야 할 최우선의 가치이자 정의이며, 경제적 번영을 위한 토대이기 때문이다. 다음으로 상호 존중의 정책이다. 북한 붕괴와 흡수통일 및 인위적 통일을 추구하지 않고 남과 북이 서로를 존중하고 협력하면서, 함께 잘사는 한반도를 추구하는 정책이 이루어져야 한다. 마지막으로 국민과 함께하는 열린 정책이 필요하다. 한반도 평화와 관련한 정책 결정과 집행 과정에서 국민의 참여와 쌍방향 소통을 통해 국민이 공감하고 함께 만들어 가는 정책을 지향해야 할 것이다.

2) 평화를 위한 보훈교육의 확대

평화를 위한 보훈의 확대와 관련하여 먼저 생각해야 하는 것이 평화교육의 내용이다. 평화교육은 갈등과 폭력에 대한 교육이다. 갈등과 폭력을 인식하지 못하는 사람에게 평화교육은 사실상 무용지물에 가깝다. 우리 사회는 국가유공자들의 희생과 헌신으로 현재 세계적인 선진국 반열에 올라 있지만 내부적으로는 여전히 갈등과 폭력에 노출되어 있다. 이런 측면에서 평화교육은 먼저 자기노출(self disclosure)적인 방식으로 우리 사회의 모순을 직시해야 한다. 숱한 국난의 경험과 여전한 분단의 상황에서 우리 사회의 평화교육은 평화에 대한 담론보다는 갈등과 폭력에 대한 사례에 기반을 두어야 할 것이다. 이런 사례에서 국가유공자의 희생과 헌신은 자연스럽게 드러날 것이고 보훈의식이 우리 사회의 평화 진전에 기여할 수 있는 방안에 관한 논의가 이루어질 수 있을 것으로 본다.

다음으로 보훈교육과 관련한 평화교육에서 중요한 것은 평화교육이 안보교육과 동시에 이루어져야 한다는 것이다. 평화교육은 안보교육을 적극적으로 포함해야 한다. 무력을 통한 평화가 가져오는 것이 무엇인지, 그리고 군사력을 통한 평화는 가능한지 등을 생각하면서 필연적으로 발생하는 군비경쟁의 속성과 모순을 이해할 수 있을 것이다. 이에 따라 자연스럽게 군축에 대한 논의와 지역관계에 대해서도 관심이 일 수 있을 것이다. 이처럼 평화교육은 안보교육과 병행되어야 하고, 보훈의 영역에서 호국의 영역이 중요한 이유도 자연스레 체감할 수 있을 것이다.

이와 함께 보훈교육과 관련한 평화교육에서 중요한 것은 평화교육의 대상과 관련한 점이다. 평화와 전쟁에 대한 인식, 평화를 달성하는 방식 등에 있어 세대 간 차이는 중요하지 않다. 평화라는 개념 안에는 세대나 지역, 지위, 출신 등이 차별받지 않고 공정하게 대우받는 것이 전제되어 있기 때문이다. 그러나 기존 보훈교육이나 평화교육에서는 세대에 따른 차이를 강조하고 있었다. 이런 차별이 근거도 없으며, 효과도 없다고 판단한다. 그래서 새로 설계하는 평화교육은 교육 대상에 차이를 두지 않고 가장 적정한 방안의 도입에만 관심을 둔다. 그러므로 평화교육은 학교교육 등 한정된 범위를 넘어서고, 우리 사회 전반의 시민교육으로 이루어져야 한다. 즉, 새로운 평화교육은 우리 사회 전반의 평생교육 관점에서 접근해야 할 것이다. 이를 위해서는 사회적으로 평화교육에 대한 관심을 고취해야 하고, 효과적인 평화교육을 위한 제도를 만들어야 할 것이다. 이와 관련하여 중앙정부, 지방정부 및 민간 단위가 유기적으로 참여하는 평화교육 거버넌스 구축을 고려해야 할 것이다.

3) 공정사회를 위한 보훈의식의 역할

우리 사회의 평화에 대한 인식에서 평화와 경제는 중요한 관련이 있다는 점을 제시했다. 최근 우리 사회뿐만 아니라 세계적으로도 중요한 사회문제로 다루어지고 있는 '현실 경제생활'은 평화와는 밀접한 연관이 있을 수밖에 없다. 현실적 경제생활은 매우 다양한 의미로 해석될 수 있으므로 여기에서는 '먹고사는 일이 가장 중요하다'는 인식을 중심으로 생각해 본다. 신자유주의 시대에 기본적인 생계를 유지하는 것도 힘든 상황을 배경으로 한다. 현실 경제생활에 대한 중시는 먹고사는 문제부터 해결해야 한다는 주장에 동조하는 여러 경향을 포함한다. 이런 경향에 기대어 정치적으로 활용하는 것을 포퓰리즘이라고 한다. 우리 근현대사에서도 이런 경향은 '잘살아 보세'라는 표어가 대표하는 전체주의 확장에 기여하였고, 군사독재를 통해 유지된 경험이 있다. 물론 경제적 불평등이 이런 포퓰리즘의 토양이라는 점도 유의할 수밖에 없다. 경제적 불평등은 파이(pie)만 크게 하면 모든 문제가 해결된다는 신자유주의적 사고에 일정 부분 기대고 있는 것도 사실이다. 큰 시장을 국가가 규제하면 안 된다는 주장도 포함한다. 또한 물이 위에서 아래로 떨어지듯이 대기업이 성장하면 대기업과 연관된 중소기업이 성장하고 새로운 일자리도 많이 창출되어 서민 경제도 좋아지는 낙수효과(落水效果)도 자주 거론한다. 그러나 이런 이론이 먹히지 않는다는 것이 대세로 나타나고 있다. 이제는 큰 파이보다 중요한 가치가 많이 등장하고 있다.

대표적인 예가 바로 포용사회다. 포용사회는 문재인 정부의 5대 전략 중 하나인 '내 삶을 책임지는 국가'와도 연관되는 개념이다. 이를 보면, 국민들의 생활이 어려움이나 위기에 처했을 때, 국가가 나서서 도움을 주고 다양한 기회를 제공하는 역할을 해야 한다는 것을 포함한다. 이를 위해서 정부는 모든 사람이 차별 없이 공정하고 평등한 삶을 누릴 수 있도록 사회안전망과 고용안전망을 강화해야 한다. 사람들은 일을 하면서 사회적 관계를 맺을 뿐 아니라 자신을 발전시키고 자아를 실현한다. 하지만 최근 우리 사회는 코로나19로 장기간 경기가 침체되어 일자리 창출 여력이 굉장히 부족한 상태이다. 특히 노동시장에 처음 발돋움하는 청년들이 큰 타격을 입고 있다. 하지만 청년세대라고 해도 개개인의 상황을 들여다보면 그 배경이 매우 다르기 때문에 이에 따라 결과가 결정되는 상황이 빚어진다. 좋은 환경에서 좋은 조건에 살고 있는 사람들은 어떻게든 좋은 결과를 차지할 가능성이 높다. 반면에 여건이 좋지 않은 취약계층에게는 사회적 벽이 존재한다. 이처럼 사회 구성원들이 자신의 책임이 아닌 배경 때문에 자신의 꿈을 이룰 수 없는 상황을 해결하는 것이 중요하다.

포용사회에서는 그래서 포용경제가 중요하고 포용경제는 다시 공정경제를 바탕으로 하지 않으면 안 된다. 이런 점에서 보훈의식이 해결의 방향성을 제시한다. 국가유공자들이 꿈꿨던 사회는 불합리한 기준에 의해서 억울하게 사는 세상은 아니었다. 그래서 불공정한 사회는 현재의 오늘을 선물한 국가유공자들의 보훈정신을 배신하는 일이 된다. 만일 우리가 지금 그런 잘못을 하고 있다면, 당연히 반성하고 고쳐야 한다. 국가유공자들이 바란 세상은 정의로운 세상이다. 그러니 불공정은 보훈 정신에 위배된다. 이런 뜻에서 보훈은 국가와 사회 발전을 위해 국민들의 능력을 최대한 이끌어 낼 수 있도록 동기를 부여하는 공정한 시스템이라고도 할 수 있다.(서운석, 2020a: 159-160) 우리 사회에서 평화를 건설하는 지주가 되는 공정을 촉구하는 것이 바로 보훈이라는 점을 기억해야 한다.

4) 한·일 갈등에 대한 보훈의식 적용

위에서 말한 남북 간 평화와 더불어 중요한 것이 동북아 평화 협력이다. 우리 사회의 평화를 위해서는 동북아의 평화가 밑받침되어야 한다. 그래서 대화와 협력의 관행을 지속적으로 축적해 나감으로써, 대립과 갈등의 역내 구도를 대화와 협력의 질서로 바꾸는 노력은 매우 중요하다. 중국, 일본을 포함하는 동북아는 긴장과 경쟁이 상존하고 있어서 평화공존과 번영을 위한 협력적 환경 조성이 필요하다. 동북아의 지정학적 긴장과 경쟁 구도를 대화와 협력의 질서로 가꾸어 나가기 위한 노력은 우리 사회에도 중요한 의미가 있다. 그럼에도 동북아 지역은 대화를 통한 평화협력의 경험이 부족하다. 예를 들어 국경을 넘어 확산되는 초국가적 위협(전염병, 테러, 자연재난, 사이버범죄 등)은 한 국가에 한정되지 않고 여러 국가에 공동으로 위협이 된다. 이런 위협은 우리 사회의 중대한 평화문제가 되기도 한다. 즉, 동북아 지역의 평화와 협력 없이는 우리의 평화와 번영도 생각할 수 없다. 동북아의 긴장과 갈등을 힘이 아닌 대화로 풀어 나가는 것이 국익에 부합한다. 이런 사정에서 평화를 위한 보훈의 확대를 적용할 수 있다.

동북아 평화와 관련하여 특히 우리에게 민감한 국가는 일본이다. 일제 침략 시기에 벌어진 일본의 수많은 잔혹 행위는 우리 사회가 일본과의 평화협력을 추진하는 데 장애가 되고 있다. 이런 장애를 극복하는 데 독립운동의 정신이 기여할 수 있다. 예를 들어 백범은 세계평화의 꿈을 갖고 있었다. 백범은 "나는 우리나라가 세계에서 가장 아름다운 나라가 되기를 원한다. 가장 부강한 나라가 되기를 원하는 것은 아니다. 내가 남의 침략에 가슴이 아팠으니 내 나라가 남을 침략하는 것을 원치 아니한다. 우리의 부력(富力)은 우리의 생활을 풍족히 할 만하고 우리의 강력(强力)은 남의 침략을 막을 만하면 족하다."라고 하면서 '세계 인류가 네요 내요 없이 한 집이 되어 사는 것', 즉 세계 인류가 평화롭게 살아갈 수 있는 국가를 건설하는 것을 꿈꾸었다. 즉, 각 민족이 서로 돕고 살며, 지구상의 인류가 평화와 행복을 누릴 수 있는 세계평화를 실현하자는 것이 백범의 지향이었다.(한시준, 2016: 17-19)

　　이런 생각은 독립 정신이 현재 우리 사회에 주는 시사점임을 위에서도 거론한 바 있다. 국제 관계 속의 평화에 대한 설명에서 언급했듯이 우리 사회는 일본과 협력하지 않을 때 덜 평화롭고, 일본 또한 우리와 협력하지 않을 때 덜 평화롭다. 그래서 우리 사회는 일본과의 평화를 향한 공통의 기반을 찾으러 협력해 왔다는 점도 사실이다. 그럼에도 역사는 바뀌지 않는다. 일본 제국주의의 한반도에 대한 잔혹 행위는 역사적 사실 그대로이다. 그러나 백범이 말했듯이 일제의 만행은 그것대로 기억하고 그에 맞춰서 다루되, 21세기에는 우리 사회와 일본을 모두 평화롭게 화합시키는 것들로 또 다른 바구니를 채우는 게 현재 우리의 과제이다. 우리 사회가 일본과 관계가 좋으면 우리 사회의 구성원들, 특히 미래 세대들이 더 평화롭고 더 번영하게 될 가능성이 크기 때문이다. 이 점은 일본이나 동북아 다른 미래 세대들에게도 동일하게 적용된다. 일제 침략 당시 일본의 잔혹 행위는 역사적 사실대로 인정하면서도, 과거사와 분리해 한·일이 평화를 위해 협력하는 게 중요하다. 이런 과제에 평화 지향의 보훈의식이 적용되어야 한다.

5. 나오는 글

앞의 들어가는 글에서 보훈에 대한 오해는 오히려 평화와 국민 통합에 부정적 역할을 할 수 있다고 하였다. 다시 말하면 그

롯된 애국심의 발로는 사회적 갈등을 불러일으킬 수 있다는 점을 말했다. 똑같은 보훈을 말하더라도 보훈이 사회적으로 갈등을 야기하고 평화에 반하는 사정이 생길 수도 있다는 의미이다. 이런 점에서 보훈의식에 대한 이해와 이의 실천과 관련한 적정한 노력이 필요하다. 이와 관련하여 대표적인 것이 올바른 보훈교육이라고 할 수 있을 것이다.

김남주 시인은 '투쟁과 그날 그날'이라는 시에서 다음과 같이 말한 적이 있다. "미래의 자식들을 위한 투쟁에서 / 오늘 죽음까지 불사했던 사람은 결코 / 사라지는 법이 없을 것이다 / 만인의 승리와 함께 그 이름은 별이 되어 / 지상에서 다시 살아날 것이다." 당시 죽음까지 불사하면서 조국과 사회를 사랑한 사람들이 국가유공자이고 애국자들이다. 사회의 평화를 위해 목숨까지 걸면서 희생하고 공헌한 사람들이 있는 반면 겉으로만 애국자라 자처하면서 결과적으로는 사회의 평화를 깨고 발전을 가로막는 사람들이 있다. 이런 사람들이 가장 많이 하는 말도 애국이고 나라사랑이다. 이런 사람들을 향해 작가 오스카 와일드는 '애국심은 사악한 자의 미덕'이라고 조소를 던진 바 있다. 애국이라는 말에 깃든 허위의식은 국가와 사회를 망치는 하나의 해악이다. 이런 비판과 관련하여 압권인 것 중의 하나는 '애국심은 악당의 마지막 피난처'라고 한 18세기 영국의 문필가 새뮤얼 존슨의 말일 것이다. 이런 말들이 경고하는 바는 가짜 애국심이 사회를 극심하게 어지럽힌다는 것이다. 애국보다는 애국이라는 말 하기를 더 좋아하는 사람들이 많으면 사회적 비극이 되고 평화와는 멀어지게 된다. 더군다나 이런 사람들은 자신들과 뜻이 다른 사람들의 애국은 나라사랑이 아니고 자신들만이 진짜 애국자라는 아집에도 갇혀 있다. 그들은 공정하고 효율적인 경제정책을 만들어 내기보다는 노동자들의 애국심 부족을 탓하고 그들끼리의 경쟁만을 부추긴다. 호국을 실천한 애국과 가슴에 담은 자유민주주의를 평화와 번영의 동력으로 되살리려고 하기보다는 전쟁만을 기념하고 이를 통해 반목과 갈등만을 기억하려고 한다. 이런 허위의식과 아집의 결과는 불평등, 불공정, 사회 불신, 경제 불안, 안보 위기 등 사회적 갈등으로 치닫게 한다.

보훈 영역을 독립·호국·민주로 대별할 수 있다고 했지만 이 국가유공자들이 우리에게 전하고자 하는 보훈의식 속에는 우리 사회가 서로를 돌보고 의지하는 '포용'과 '상생'의 마음을 가지라는 것이 공통적으로 들어 있다. 이런 사회적 분위기가 충만할 때 사회는 평화롭고 국가유공자의 염원이 성취되는 보훈 문화가 이루어진다. 그리고 이런 보훈의식은 어떤 위기도 이겨낼 수 있게 하는 우리 국민의 힘이 된다. 실제 우리는 국민의 힘으로 많은 위기와 역경을 이겨 왔고, 지금도 코로나 위기를 이겨 내고 있다. 이런 보훈의식을 만드는 과정이 보훈교육이다. 보훈 정책은 국가와 사회를 위해 희생하고 헌신한 사람들에 대한 국가적 기억을 보존하고, 이를 후세에 전승함으로써 구성원들이 각자의 사회에 기여하게 하는 것이다. 그리고 이런 과정에서 보훈 정책은 한 사회의 역사 인식이나 정체성의 근거를 제공하는 교육적 기능이 있다.(김종성, 2005; 서운석, 2014; 김종성, 2017; 서운석, 2018) 따라서 보훈 정책과 보훈 문화 그리고 보훈교육은 따로 설명할 수 있는 분야가 아니라 서로 연관된 하나의 영역이라고 보는 것이 합당하다. 이처럼 우리 사회를 포함하여 세계 각국은 다양한 형태로 국가와 사회를 위해 자신을 희생한 선열들의 숭고한 정신이 국민의 귀감으로 기억되고 계승·발전될 수 있도록 전 국민을 대상으로 보훈교육을 실시하고 있다.(국가보훈처, 2011; 서운석 외, 2016; 서운석, 2016; 서운석, 2020b) 우리 사회의 보훈교육은 「독립유공자 예우법」 제3조(국가의 시책)와 「국가유공자 등 예우 및 지원에 관한 법률」 제3조(정부의 시책)에 따라 실시하다가, 2005년 5월 31일 「국가보훈기본법」이 제정되면서 동법 제23조(공훈선양사업의 추진)에 의해 시행되고 있다.

우리 사회의 평화에 대한 인식에서도 일부 확인할 수 있었듯이 평화를 비둘기와 같은 상징적인 의미로 받아들이는 우리 사회의 평화 인식은 평화를 명목적이고 추상적인 목표로 설정하는 경향을 반영한다. 그러나 이렇게 인식하는 평화는 실체가 없으며 유토피아적인 성격이 강하다고 하였다. 이런 평화에 대한 인식은 평화가 삶과 유리되게 하며, 평화를 어떻게 달성해야 하는지에 대한 사회적 논의를 어렵게 만든다. 이런 문제점에 대한 반성에서 새로운 방안이 강구되어야 하고, 이런 방안의 주요한 대상은 교육이라고 할 수 있다. 앞에서 우리 사회의 평화를 위해서 국가유공자들의 희생과 헌신을 말했고, 이런 보훈의식은 세대를 이어 전승되고 교육되어야 한다고 하였다. 이런 측면과 관련하여 보훈교육에서 우리 사회의 평화를 발전시킬 수 있는 논의가 더욱 확대되어야 한다는 주장이 타당성을 지닌다. 국가유공자들의 염원이 바로 우리 사회의 평화와 발전이었으니 이를 이루기 위한 보훈교육에 평화의 강조는 자연스러운 귀결이다.

보훈과 평화가 자연스럽게 동행할 수 있도록 하는 보훈교육의 역할을 생각해 보면, 먼저 보훈교육에 있어 평화교육의 방향에 대해 적정한 제시가 필요하다. 평화에 대한 구체적인 인식을 확산하기 위해서는 평화교육을 강화하는 것이 우선 필요하다. 다음으로 보훈과 관련하여 평화교육의 의미를 정확히 제시해야 한다. 현재 우리 사회는 평화를 현실과 유리된 추상적, 유토피아적, 상징적으로 보는 경향이 있다는 추측이 가능하다. 이런 경향을 감안하여 보훈교육에서는 국가유공자들이 우리 사회의 평화를 위해 어떤 희생과 헌신을 했으며, 이런 공헌이 우리 사회에 어떤 의미가 있는지 정확하게 제시할 필요가 있다.

북한의 보훈
:《로동신문》을 통해 본
'평화적 보훈' 구축의 가능성

임수진_ 보훈교육연구원

* 이 글은 『인문사회21』제12권 5호(2021), 1~13에 게재한 논문을 수정 · 보완한 것이다.

1. 서론

우리 사회에서 '국가보훈'은 「국가보훈 기본법(시행 2017.6.21.)」에 따라, '국가를 위하여 희생하거나 공헌한 사람의 숭고한 정신을 선양(宣揚)하고 그와 그 유족 또는 가족의 영예로운 삶과 복지 향상을 도모하며 나아가 국민의 나라사랑정신 함양에 이바지'하는 것으로 정의된다. 또한 보훈의 주요 가치로서는 '독립·호국·민주'가 거론된다. '독립'은 '일제로부터의 조국의 자주독립', '호국'은 '국가의 수호 또는 안전보장', '민주'는 '대한민국 자유민주주의의 발전'으로 각각 정리할 수 있다. 좀 더 구체적으로는 민족의 독립 및 자주권을 되찾기 위해 1945년 일제로부터의 해방 이전까지의 시기에 전개한 일제에 대항한 독립운동, 정부 수립 이후 한국전쟁을 대표로 한 국경 및 국가 체제를 수호하기 위한 투쟁, 그리고 1960년의 4·19혁명과 1980년의 5·18민주화운동을 포함한 사회 내 독재정권에 대항하여 시민권을 획득하기 위한 투쟁 등의 경험을 우리 사회와 국가를 위한 '공헌'으로 규정하고, 이에 참여한 인사들을 중심으로 보훈대상자를 선정하여 공헌 정도에 따라 보상 및 예우를 제공한다.

보훈의 주요한 가치는 그 사회가 형성·발전되는 역사 속 주요한 경험을 통해 형성되는 것으로, 이는 결국 그 구성원들을 공동체로서 결속·유지시키는 핵심 가치를 설명해 준다 할 수 있다. 이러한 논리로 보면, 근대국가 차원에서 보훈은 주민들로 하여금 국가 건립의 정당성을 확인하고 이에 따라 '국민' 공동체의 결속력을 강화해 주는 중요한 정신적 자원이 된다. 세계적인 차원에서도 제 1, 2차 세계대전 이후 패전국을 제외한 참전국에서 참전군인을 중심으로 국가의 안정적 구축과 발전에 공헌한 이들에 대해 국가 차원의 물질적 보상과 정신적 예우를 보장해 주는 보훈 제도와 기관이 설립되었는데, 이 역시 근대국가 차원에서 국경을 중심으로 한 공동체적 연대와 결속 강화의 의도가 나타나는 것이라 할 수 있다.(유영옥, 2009)

그러나 각 국가·사회적 특성에 따라 보훈 제도의 형태는 다르게 나타났다. 보훈 제도가 여타 제도로부터 독립, 일부 독립되는 경우도 있었고, 보훈 제도가 사회보장제도 또는 군사 제도의 큰 틀 안에 종속되어 나타나는 경우도 있었다. 보훈의 주요한 가치 역시 각 사회마다, '개척/통합 정신'(미국), '정의와 자유'(영국), '시민항전'(러시아), '사회적 책임'(독일) 등 서로 다르게 나타났다.(김종성, 2005: 317) 각 국가·사회에 따라 세부적인 가치와 내용이 다르게 나타난다 하더라도, 분명한 것은 '보훈'이라는 개념이 국가(state)라는 경계 내 구성원들이 일정한 가치를 공유하고 공감하며 공동체로서 '공통의 정신'을 보유할 수 있도록 만들어주는 주요한 매개체로서, 각 국가 정부의 주요한 관심 속에서 구축되어 왔다는 사실이다. 이러한 관점에서 보훈의 가치는 뒤르켐(E. Durkeim)의 논의에 따라 공동체의 연대와 결속을 가능하게 해 주는 현대적 차원의 도덕 또는 도덕률이라고 논할 수도 있을 것이다.

그렇다면 북한의 보훈은 어떠한가? 남북한이 분단되어 있는 상황 속에서 북한 사회 내 보훈이 어떻게 정의되고, 또 어떠한 가치를 통해 사회에 대한 공헌을 규정하고 있는지를 살펴보는 것은 공동체적 차원에서 남북한의 연대와 통합을 고려할 때 중요하게 살펴볼 하나의 사안이라 할 수 있다. 특히 남북한 사이 교류의 재개와 단절이 반복되는 현재의 상황 속에서, 양 사회가 평화적으로 관계를 수립하고 공동체적 차원의 연대 의식을 구축할 수 있는 인식의 자원을 획득하는 것은 무엇보다 중요한 일이다. 따라서 본문에서는 보훈을 중심으로 나타나는 북한 사회 내 주민들의 연대 및 결속과 관계하는 주요한 가치들을 역사적 환경 속에서 이해하고, 이를 현재적인 차원에서 다시금 살펴보고자 한다. 좀 더 구체적으로 북한 보훈의 주요한 내용과 가치들을 살펴보고, 이를 통해 나타나는 북한 사회의 공동체적 결속과 연대의 자원을 인식론적 차원 속에서 살펴볼 것이다. 특히, 이 가치들이 시대적으로 어떻게 강조되고 설명되어 왔는지를 《로동신문》을 중심으로 살피며, 그 인식의 지속과 변화를 확인하고자 한다.

2. 북한의 보훈

북한 보훈 개념과 관련하여 가장 먼저 살펴볼 수 있는 것은 북한의 보훈 제도이다. 북한의 보훈 제도는, 남한의 보훈 제도가 독립된 법령을 가지고 이를 통해 그 개념과 가치를 규정하고 있는 것과 다르게, 사회보장법률 속에서 특정 대상들에 대해 생활 지원 및 사회적 우대를 제공하는 형태로 구성되어 있다.(현인애,

2020) 이는 구소련, 중국 등과 같은 사회주의 표방 국가들의 제도적 특성을 그대로 따른 것이라 볼 수 있다.(유영옥, 2011; 권기숙, 2011; 정신철, 2005 등 참조) 사회주의 국가들의 경우 정부독점의 재화 분배 체계를 구축하고 광범위한 차원에서 전 구성원들을 대상으로 사회보장의 체계를 구비하고자 하므로, 이러한 형태는 독립적인 형태를 구축하고 있는 국가들의 제도와 비교할 때 보장의 범위 차원에서는 오히려 더 넓다고 볼 수도 있다.(김종성, 2005: 104) 그러나 이러한 우대 차원의 형태는 보훈에 대한 정의 및 그 대상에 대해 명확히 규정하기 어렵다는 점을 동시에 논할 수 있다.

북한은 우리 사회와 같이 '보훈'이라는 표현을 사용하지 않는다. 그러나 남한의 보훈 개념에 비추어 북한의 보훈을 '국가를 위하여 희생하거나 공헌한 이들에 대한 선양과 복지 향상'으로 이해한다면, 북한 사회 내 노동당 또는 사회 건립에 헌신하고 공을 세운 자 및 그 가족에 대한 규정, 그리고 이들에게 제공하는 정부 차원의 보상을 통해 북한 보훈의 주요 가치를 이해할 수 있다. 보훈의 주요 가치를 설정하는 근거가 국가 또는 사회에 대한 '희생과 공헌'이라면, 먼저 우리 사회의 '국가유공자'에 상응하는 북한의 '국가공로자'에 대한 규정을 통해 북한에서 중시하는 국가/사회에 대한 '희생과 공헌'의 가치를 살펴볼 수 있다.*

북한에서 국가공로자가 공식적으로 규정되고 제도화될 수 있었던 것은 1956년 '국가공로자에 대한 사회보장규정 승인에 대하여' 결정을 통해서였다. 이 결정을 통해 "8·15 전 국내에서 일제에 반대하는 투쟁과 8·15 후 남한에서 미국을 반대하는 투쟁 및 혁명적 투쟁, 민족독립국가 건설을 위한 정치·군사·경제·과학·문화·예술 기타 사업에서 공훈을 세운 자 및 가족들"이 포괄적으로 국가공로자로서 인정되었다.(《로동신문》, 1956.2.5) 그러나 국가공로자로서 '공로(공훈)'로 인정받을 수 있는 구체적인 내용과 수준이 제도적으로 안정화된 것은 1970년대 사회주의헌법 제정 이후라 할 수 있다.(강채연, 2020) 북한 법령 속에서 이에 관

---

* 북한의 국가공로자와 관련하여, 북한에서 논하는 '공로'와 '공훈', 그리고 '공로자'의 뜻을 구체적으로 살펴볼 필요가 있다. '공로'의 경우, "1) 일정한 성과를 이룩하는 데 크게 이바지한 업적, 2) 힘들인 노력이나 수고"를 뜻하고, '공훈'은, "사업이나 전투에서 세운 훌륭한 공로"를 뜻한다. 의미상 '공로'와 '공훈' 사이에 큰 차이는 없어 보이나, '공로'의 의미가 좀 더 포괄적이라 논할 수 있다. 본문에서 논하는 국가/사회에 희생과 공헌한 인물과 관련한 용어는 포괄적으로 '공로자'로 사용되는데, 명확한 정의는 다음과 같다. "1) 일정한 공로가 있는 사람, 2) 혁명사업과 국가사업에 오랫동안 참가하여 공로를 세움으로써 국가로부터 일정한 대우를 받는 사람." (『조선말대사전』, 1992) '공로', '공훈', '공로자'와 관련하여 개념 정리 및 조언을 아끼지 않은 북한대학원대학교 엄현숙 교수님께 감사를 표한다.

해 살펴볼 수 있는 부분은 대체로 다음의 다섯 부분이다.

○ 사회주의헌법 제5장. 공민의 기본권리와 의무

제76조. 혁명투사, 혁명렬사가족, 애국렬사가족, 인민군후방가족, 영예군인은 국가와 사회의 특별한 보호를 받는다.

○ 살림집법 제4장. 살림집의 배정 및 리용

제30조. (살림집배정에서 지켜야 할 원칙)

1. 혁명투사, 혁명렬사가족, 애국렬사가족, 전사자가족, 피살자가족, 영웅, 전쟁로병, 영예군인, 제대군관, 교원, 과학자, 기술자, 공로자, 로력혁신자 같은 대상에게 살림집을 우선적으로 배정하여야 한다.

○ 인민보건법 제2장. 완전하고 전반적인 무상치료제

제12조. (혁명투사, 혁명렬사가족, 애국렬사가족, 사회주의애국희생자가족, 영웅, 전쟁로병, 영예군인, 인민군후방가족의 건강관리)

국가는 혁명투사, 혁명렬사가족, 애국렬사가족, 사회주의애국희생자가족, 영웅, 전쟁로병, 영예군인, 인민군후방가족들의 건강관리에 특별한 관심을 돌린다.

○ 년로자보호법 제1장. 년로자보호법의 기본

제5조. (공로있는 년로자의 특별보호원칙)

국가는 혁명투사와 혁명투쟁공로자, 영웅, 전쟁로병, 영예군인, 공로자 같은 조국수호와 사회주의건설에서 공로를 세운 년로자를 사회적으로 특별히 우대하여 그들의 생활을 따뜻이 보살펴주도록 한다.

○ 사회보장법 제1장. 사회보장법의 기본

제4조. (우대원칙)

국가는 조국과 인민을 위하여 공로를 세운 혁명투사, 혁명렬사가족, 애국렬사가족, 사회주의애국희생자가족, 영웅, 전쟁로병, 영예군인들을 사회적으로 우대하도록 한다. (국가정보원 홈페이지)

다음의 내용을 볼 때, 국가공헌자로서 '공훈'의 범주는 포괄적으로 '조국 수호'와 '사회주의건설'에 공헌한 자로 정의되고 있다. 이를 구체적으로 살펴보면, '조국 수호'는 '항일투쟁', 즉 '독립운동'과, '조국해방전쟁'으로 통칭되는 '한국전쟁의 참전'을 대표적으로 논할 수 있다.

<표 1> 북한 공로자 종류

공로자 종류	공로의 내용	직업군	증서
(항일) 혁명투사	항일무장혁명 시기 전투에 참가했던 조선혁명군 출신들 (일제치하 시기 공산주의 항일투쟁 공로자)	김일성 빨치산부대 출신	혁명열사증
혁명렬사	항일투쟁 희생자	김일성 빨치산부대 출신보다 한급 아래	혁명열사증
애국렬사	한국전쟁 시 비전투요원으로 희생된 자, 건국·사회주의건설기 고위 엘리트	음악가, 체육공로자 등도 포함. 범주 다양	애국열사증
사회주의 애국공로자	공무순직, 수령결사옹위 희생자, 유훈·당정책 관철자	공무직	사회주의애국희생증, 사회주의 애국공로자증
영웅	- 6·25전쟁 당시 50명 이상 사살 또는 지휘감으로서 선전 등 특별한 공적이 있는 자(공화국영웅), - 경제 및 건설 등 사회 각 분야에서 조선로동당을 위한 노력적 위훈을 떨친 자(로력영웅)	공화국영웅, 노력영웅 호칭을 수여받은 자로서 군인, 일반노동자, 체육인, 문화예술인 등 ('로력영웅'은 '공화국영웅' 한 단계 아래)	공화국 영웅훈장, 노력영웅훈장, 국가표창(김일성/김정일상·훈장, 국기훈장 등)
영예군인	한국전쟁 참전 또는 군 복무 중 부상으로 불구 된 자	군인	영예군인증서
전쟁로병	한국전쟁 참전자	군인	참전훈장

출처: 윤황(2003); 강채연(2020); 위키백과 '공화국영웅', '로력영웅'의 내용을 정리

국가공로자에 대한 규정을 구체적으로 살펴보면, '사회주의애국'의 일환으로서 김일성 가계의 초상화 등 물품을 지킨 자들, 수령 및 당 지침의 수행 과정 속에서 순직한 자 역시 공로자로 인정되고 있다. 즉, 최고 지도자에 대한 '수령결사옹위' 역시 '국가공로'의 주요한 가치로 논할 수 있다.

상기한 내용을 통하여 북한 사회 내 공로를 규정할 수 있는 주

요한 가치는 '항일투쟁', '조국해방', '수령결사옹위', '사회주의건설'로 정리할 수 있다.

'항일투쟁'은, 일본 제국주의의 한반도 점령 시기 한반도에 행한 약탈과 핍박에 대항·투쟁한 사회주의 독립운동가의 공헌에 관한 내용이다. 북한 항일투쟁을 대표하는 공로자는 주지하듯 김일성으로서, 민족해방의 논의를 통해 북한 단독 정부 수립의 정통성과 정당성을 설명하는 주요 논의가 되기도 하였다.[*]

그뿐만 아니라 '항일투쟁'은 '반제반봉건' 구습의 유산 철폐를 상징하기도 한다. 일본 제국주의 시기 만연하였던 구시대적 봉건주의·제국주의 사회풍조를 비판하며, 북한 정부는 이를 북한의 사회주의 혁명운동을 통해 척결하였다고 논한다. 따라서 항일투쟁은 단순한 한반도 외부 세력으로부터 한민족의 민족해방뿐 아니라, 지주/자본가로부터 노동자/농민 약탈의 구습을 철폐

---

[*] "열두 살 때 팔도구의 평양에 나와 창덕학교에 다니면서 일제 식민지 통치의 부패상을 더욱 뚜렷이 인식하게 되었습니다. … 돈많은 놈들과 일제놈들은 인민들을 가혹하게 억압착취하면서 호화롭고 부화방탕한 생활을 하였습니다. … 어째서 일제놈들이 조선에 와서 조선 사람들을 못살게 구는가 하는 문제에 대하여 깊이 생각하게 되었습니다. … 일제 침략자들을 때려부셔야 하겠다는 결심을 가지게 되었습니다." (『사회주의교육학에 대하여』, 1968: 379-380)

한, 좀 더 광의의 차원에서 볼 수 있는 '공로' 행위로서 강조한다.

> 우리 인민은 **일제의 파쑈적식민지통치기구들을 철저히 짓부시고** 친일파, 민족반역자들을 폭로하며 진압하면서 민주주의 새 조국을 건설하기 위하여 힘찬 투쟁을 벌리였다. … 사회생활의 모든 분야에서 **일제잔재와 봉건유습을 숙청**하고 … 반제반봉건 민주주의혁명의 기본과업들을 전면적으로 제시하시였다. (《로동신문》, 1971.3.22.)

'조국해방'은 '항일투쟁'의 논의와 이어지기도 하지만, 이는 북한 사회에서 '한국전쟁(6·25전쟁)'을 지칭하는 '조국해방전쟁'을 의미하기도 한다. 따라서 '조국해방'의 개념은 '일본 제국주의'로부터의 민족해방뿐 아니라, 한국전쟁을 일으킨 주범으로 설명되는 '미제국주의', 그리고 미제국주의를 추종하여 한반도의 식민지화를 묵인하고 약탈 세력에 기생하여 이득을 취하는 것으로 설명되는 남한의 집권 정부, 즉 '남조선괴뢰정부'에 대한 경계를 동시에 설정한다.

조선인민은 미군이 우리 강토에서 완전히 철거할 때까지 더욱

맹렬한 투쟁을 전개할 것입니다. …한마디로 말하면 그것은 **미 제국주의자들이 친일파, 민족반역자들이 집결된 남조선의 망국 적 반동괴뢰정부**를 조종하여 우리 조국 남반부를 영원히 예속 시키며 우리 민족을 다시 식민지노예로 만들기 위해서입니다.

(김일성, 1980)

'수령결사옹위'는, 주지하듯 최고 지도자에 대한 충성과 숭배 를 의미하는 것으로 북한 사회에서 김일성, 김정일, 김정은 칭 송 논의와 맞닿아 있다. 김일성 유일사상 체제가 수립된 이후 북 한은 줄곧 '수령-당-국가-사회'의 일체화를 주장하며, 강력한 집 단주의 및 전체주의 사회체제를 유지하였다.(와다 하루끼 저, 고세 현 역, 1992; 정성장, 2006; 정일영 2018) 이는 주체사상으로부터 강조 된 것으로서, 사회조직과 정부기관을 망라한 사회 전체에 대한 수령 중심의 구조적 일원화뿐 아니라, 수령에 대한 충성을 중심 으로 한 전 사회 주민들의 사상적 일체화를 주조하는 데 주요하 게 작용하였다.(이종석, 2018: 77) '수령결사옹위'는 북한에서 최고 지도자에 대한 충성과 자신에게 주어진 과업을 지도자인 수령의 지시로 여기고, 이를 목숨으로 관철할 것을 요구하는 정치선동 구호로도 정의된다.

이는 나아가 하나의 '정신'으로서 이해되었다. 1992년판 『조선말대사전』을 보면, '수령결사옹위정신'에 대한 정의는 '수령의 신변을 결사호위하고 수령의 권위를 결사옹호하는 정신'이자, '수령의 업적을 결사고수하고 수령의 사상과 노선, 정책을 결사관철하는 정신'으로 설명된다. '수령결사옹위'의 정신은 곧, '북한혁명의 전 과정에 구현되어 온 인민의 전통적인 혁명정신이며 혁명위업의 승리를 이룩하기 위한 가장 숭고한 혁명정신'으로 이해되었다. 이를 통해 '수령'은 대중에게 개인이 아닌 하나의 제도 자체로서 인지되었다. 이에 따라 최고 지도자에 대한 충성은 곧 국가/사회에 대한 공로 행위로 설명되었다.

혁명의 한길을 걸어가는 혁명가에게 있어서 **수령결사옹위정신**을 가졌는가 못가졌는가에 따라 혁명가로서 그의 삶의 가치가 결정된다. …《**항일유격대원들은 … 수령의 안녕부터 먼저 생각하였으며 자기의 생명을 서슴없이 바쳐 수령님을 옹위**하였습니다. 항일혁명투사들은 진짜충신들이였습니다.》…. 인생의 가치는 그 수명에 의해서가 아니라 그 공적에 의하여 평가된다. **혁명가의 가장 큰 공적은 수령의 안녕을 지키고 수령을 옹위**하는 데 있다. 《로동신문》 1996. 4. 10.)

'사회주의건설'은, 자본주의체제에 대항한 사회주의체제의 우월성을 확보하고자 하는 것으로, 사회동원의 정당성 논의와 연계하여 이해할 수 있다. '사회주의건설'은 일차적으로 세계사회 차원에서 북한 주민들이 제국주의 또는 자본주의 국가들의 존재에 대항하여 스스로를 인지하는 자기인식의 자원으로서 사용되었다.(임수진, 2021) 세계사회 속 발전된 사회주의를 건설하고 유지하는 공동체로서 스스로를 인식하며 북한 주민들은 제국주의, 자본주의에 대항하는 강력한 공동체적 결속을 이루었다. 이를 통해 북한 주민들은 자발적으로 노동력을 동원하여 '발전된 사회주의 사회'를 건설하기 위해 정부 정책에 적극 협조하였다 할 수 있다.(Althusser, 2003) 이는 나아가 '보훈'의 논의와 이어졌다. 노동생산성을 높인 인물들에 대해 '로력영웅' 호칭을 수여하며 보훈 대상에 포함시킴으로써, 노동생산성의 향상이 곧 사회를 위한 헌신임을 강조하며 사회 노동력을 동원시켰다.

> … 온 나라 근로자들이 사회주의 대건설의 총진군에로 힘차게 떨쳐나서고 있는 이 장엄한 시기에 … **금상광구의 7호굴착기소대** 전체 성원들에게 공화국공민의 최고영예인 **로력영웅칭호**를 … 베풀어 주시였습니다. 《로동신문》, 1974.3.1.)

'사회주의건설'을 통한 생산력 향상에 대한 보훈 담론은 '영웅'에 대한 강조로 이어졌고, 이는 좀 더 보편적 차원에서 '숨은 영웅'의 담론으로 발전되었다. 이는 생산력 향상을 위해 노력하는 주민 모두가 '숨은 영웅'으로서, 북한 사회의 발전에 일조하는 공로자라는 논의였다.

> 《오늘 **숨은 영웅**들의 빛나는 모범은 인민들 속에서 커다란 공명을 불러일으키고 있으며 그들은 영웅적 위훈에로 힘있게 고무 추동하고 있습니다.》 … 이 말 속에는 나라의 **사회주의 경제건설**에서 … 당의 신임에 기어이 보답할 충성의 맹세가 담겨져 있다. 《로동신문》 1982.9.28.)

 상기한 가치들을 살펴보면, 북한의 보훈 담론은 '수령'과 '사회주의'를 중심으로 한 일체화된 사회 건설에 대한 강조로서, 이는 결국 공동체 결속 논의로 이어진다. 그러나 그 논의를 좀 더 세분화하면, 이는 크게 두 축으로 나뉘어진다. 하나는 상기한 바와 같이 '수령' 및 '사회주의'를 통한 자기인식에 대한 논의이고, 다른 하나는 '항일투쟁' 및 '조국해방'의 강조를 통한 '일제'·'미제'·'남조선괴뢰'와 같은 제국주의, 자본주의를 표방하는 사회 외부 세력에 대한 적대적 경계 논의이다.

3. 북한 보훈 담론과 평화

북한 보훈 담론에서 나타나는 주요한 가치는 결국 사회공동체
로서 수령과 사회주의를 중심으로 한 북한 내부 구성원들의 결
속과 제국주의·자본주의를 중심으로 한 외부 세력에 대한 적대
적 경계라 할 수 있다. 즉, 북한 보훈 담론을 통해 북한 사회 공
동체 내외부의 강력한 경계 구분이 나타난다 할 수 있다. 특히
외부 적대 세력에 대한 경계 담론은 한반도 내 자주성을 수호하
는 '민족해방'의 논의이자, 세계사회 차원에서 자본주의 및 제국
주의를 타도하고 전 세계 '인민'들을 전쟁에서 해방하고 자유를
획득하도록 만드는, '평화 수호' 행위로서 설명된다는 점을 주목
할 수 있다.(김병로, 2020) 예를 들면, 북한에서 '조국해방전쟁', 즉
한국전쟁은 제국주의·자본주의 세력으로부터 '인민'을 해방하는
'평화수호전쟁'으로 설명된다. 따라서 '미제', '일제', '남조선괴뢰'
등에 대한 적극적인 경계 및 투쟁 담론 역시 평화 담론으로서 정
당화된다.

그렇다면 외부 세력에 대한 적대적 경계를 강조하는 북한의 보훈 담론은 북한 사회와 외부사회 사이의 갈등을 계속적으로 조장하고 있는가? 북한 보훈 담론 속 한반도 또는 세계사회 차원의 갈등과 투쟁 의식을 완화하고 외부 사회와 연대하고 협력할 수 있는 인식의 자원은 존재하지 않는 것인가?

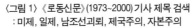
〈그림 1〉《로동신문》(1973~2000) 기사 제목 검색
: 미제, 일제, 남조선괴뢰, 제국주의, 자본주의

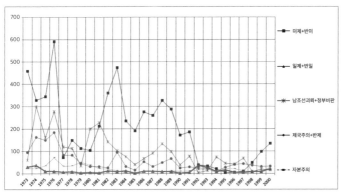

다음은 1973년도부터 2000년도까지《로동신문》내 '미제', '일제', '남조선괴뢰', '제국주의', '자본주의'가 기사 제목 내에 언급

된 빈도이다.* 이를 통해 보면 북한 사회 내에서 시대에 따라 어떠한 대상에 대한 적대적 경계 담론이 강조되었는지 확인할 수 있다.

> 제국주의는 우리의 첫째가는 투쟁 대상입니다. 제국주의는 다 나쁘지만 특히 우리가 싸워야 할 제국주의는 **미제국주의**와 **일본 제국주의**입니다. 우리는 무엇보다 먼저 미제국주의와 일본 제국주의를 미워하는 사상으로 군인들과 근로자들을 교양하여야 합니다. (김일성, 1968)

상기한 그래프를 통해 알 수 있듯, 북한에서 '미제'는 '인민 제일의 적/원쑤'로 논의된다. 미제는 세계사회 내 제국주의·자본주의를 선동하는 주동자로서, 한반도뿐 아니라 전 세계를 식민지화하고 약탈을 계획하는 '평화의 적'으로 설명된다. 이는 한반도뿐 아니라 세계평화를 계속적으로 교란하며 '제국주의적 침략행위'를 통해 자국의 이익만을 도모하는 존재로 설명된다. 이에

---

* 《로동신문》 기사 제목 내 각 키워드가 포함된 기사의 수를 합계하여 연도별로 수치화하였다.

따라 미제는 '북한 최대의 적'일 뿐 아니라 '인류 최대의 적'으로 논의된다.

> … **미제를 비롯한 제국주의렬강들의 군비경쟁과 전쟁책동**으로 말미암아 오늘 세계에서는 **핵전쟁의 위험**이 날로 커 가고 있다고 지적하고 다음과 같이 썼다. … 이것은 **미국, 일본 등의 독점자본**에 의한 착취의 계속이다. (《로동신문》, 1982.10.28.)

> [**미제는 평화의 원쑤**, 침략의 원흉] 그는 미국이 소모사잔당들의 손을 빌어 니까라과혁명을 교살하려고 책동하고 있는 사실을 까밝히고 이러한 책동은 파탄을 면치 못할 것이라고 강조하였다. … 미국이 음흉한 방법으로 빠나마를 불안정하게 만들려고 책동하고 있다고 규탄하였다. (《로동신문》, 1987.9.25.)

다음과 같이 미제는 곧 '평화의 원쑤'로서 논의되었다. 미제는 전 세계에 대한 식민지화를 계획하고 있으며, 전 지구적 차원의 식민지화 일환으로서 남한 사회에 임의적 원조 역시 자행하고 있다고 설명되었다. 미국의 국제적 연대 역시 약소국가에 대한 약탈 행위를 지속하려는 목적으로 제국주의 국가들을 중심으로 결성된 약탈적 연대로 설명되었다. 이러한 '제국주의 연대'는 전쟁을 수반하는 것으로서, 미제는 결국 국제사회의 평화를 침범하는 파괴의 주동자로서 설명되었다. 이에 따라 북한에서 한국전쟁, 즉 '조국해방전쟁'은, 미제의 '조선에 대한 침략야망'에 대항하여 투쟁한 평화 수호 행위로서 논의되었다. 이에 따라 '조국해방전쟁'에 대한 참전은 한반도 차원에서 사회를 수호하기 위한 '공헌' 행위일 뿐 아니라 전 세계적 차원에서 볼 때에도 전 인류적 차원의 평화 수호 행위로서 정당화되었다.

또한 전면전으로 행해진 한국전쟁은 전쟁에 참가한 북한 주민 모두를 '영웅적 인민'으로 추앙하는 광의의 차원에서의 보훈 담론으로 이어졌다.

> **조국해방전쟁**의 빛나는 승리는 위대한 수령 김일성 동지의 두리에 굳게 뭉친 우리 인민의 위력의 일대 시위였으며 미제국주의의 내리막길 시초를 열어 놓은 력사적인 사변이였다. 그러기에 **세계의 진보적 인민들과 벗들은 우리 인민을 《미제를 타승한 영웅적인민》을 부르고 있으며** 위대한 조국해방전쟁을 승리에로 이끄신 경애하는 수령 김일성 동지께 영광을 드리고 있다. (《로동신문》, 1980.7.27.)

그러나 1980년대 말부터 시작된 사회주의 국가의 몰락과 이에 따른 국제사회주의 연맹의 붕괴에 따라 국제사회에서 고립된 북한은 극심한 경제 침체를 경험하였다. 특히 식량난을 해결하기 위해 북한은 주변의 주요 국가들과 관계 완화를 시도할 수밖에 없었다. 이에 따라 북한은 1994년 핵문제를 중심으로 미국과 고위급 회담을 진행하고, 1995년 3월 일본의 연립 3당 대표단의 방북을 허용하며 북일 수교회담을 재개하기 위해 노력하였다. 북한 사회 최대의 '원쑤/적'인 '미제' 및 '일제'와의 관계 완화를 시도한 것이다. 이 시기 북한은 단독 정부 수립 이래 처음으로 대중담론 속에서 외부 세계, 특히 '미제'에 대한 비난성명을 줄이게 되었다.

'미제' 다음으로 북한 사회에서 경계하는 대상은 '일제'가 아닌 '남조선괴뢰'임을 또한 주목하여 살펴볼 필요가 있다. '남조선괴뢰'는 대체로 남한 사회의 일반 주민들과 구분된 남한 집권 정부를 의미한다. 이들은 미국의 한반도 식민지화에 앞장서서 민족의 약탈을 유도하는 세력들로서, '민족의 원쑤'로 설명되었다. 따라서 북한 사회에서 남조선괴뢰는 남한 주민들의 '해방'을 위하여 '분쇄'되어야 할 투쟁의 대상으로 설명되어 왔다.

이러한 논의는 1950년대 남북한 간 전쟁 시기에 제한되어 나타나지 않고, 이후에도 계속적으로 나타난다. '남조선괴뢰'에 대한 비판은 대체로 '미제'에 대한 비판과 연계되어 나타나는데, 특히, 국제적으로 북핵문제가 불거지거나 한반도 내 한미훈련이 발생하였을 때, 세계사회 차원에서 또는 한반도 차원에서 북한 정권 및 체제의 수호를 강조하기 위한 논리로 구축되었다.

> 미제는 지난 2월 1일부터 **남조선에서《팀 스피리트 83》군사연습을 벌려 놓았다.** … **미일침략자들과 남조선괴뢰들의 범죄적 책동**으로 말미암아 지금 **평화와 평화통일을 위한 우리 인민의 위업**은 엄중한 위협을 받고 있으며 … **전쟁이 터질 수 있는 긴장한 정세**가 조성되고 있다. (《로동신문》, 1983.3.1.)

> **미국과 남조선당국**은 어리석은《**북핵포기》야망을 버려야 한다. 미국과 괴뢰호전광들의 북침핵전쟁도발책동**이 계속되는 한 우리는 원쑤들의 간담을 서늘케 하는 선제공격 능력을 부단히 강화해 나갈 것이다. (《로동신문》, 2017.6·25.)

남한에 대한 비판은 북한 사회 내부에 변화가 있을 때에도 나타났다. 즉, 김일성-김정일, 김정일-김정은 정권 세습의 과정 속

대내 체제 불안정의 위기가 닥쳤을 때 남한 정부에 대한 강력한 비난을 통해 대내 결속을 유도하는 안정화 담론으로 나타나기도 하였다.

… 80여 평생 조국의 자유와 나라의 통일을 위해 모든 것을 바쳐오신 민족의 어버이이신 **경애하는 주석의 서거**에 조의를 표시하기 위해 설치한 빈소와 분향소까지 **김영삼도당은 파괴하는 천인공노할 만행을 감행하였다.** 《로동신문》 1994.8.26.)

… 내 조국을 무지하고 란폭하게 어지럽히려는 **력사의 쓰레기들을 매장**하지 않고서는, **복수가 없고 징벌이 없다면 이 땅우에 평화란 없고 세계가 편할 수 없기에**… 김정은 동지께서는 다음과 같이 말씀하시였다. 《**미국과 남조선괴뢰**들의 용납 못 할 추태의 후과로 이 땅에서 또다시 바라지 않는 전쟁이 일어난다면 그 전쟁에서 **미국과 남조선괴뢰들은 수치스러운 파멸을 맞을 것이며** 위대한 우리 민족은 조국통일의 찬연한 새날을 맞이하게 될 것입니다.》《로동신문》, 2013.3.31.)

이러한 담론들은 '남조선괴뢰정부'의 '악행'을 강조하고 비난하며, 이들 악행으로부터 남한의 주민들을 해방시킬 필요가 있다는, '민족해방' 차원의 보훈 담론으로 이어졌다.

그러나 남북 분단 이래 계속적으로 나타난 '미제', '남조선괴뢰' 등에 대한 적대적 경계 담론은 김정은 정권에 들어와 많은 부분 변화하는 모습을 보였다. 즉, 북한 대외 비난 담론의 제일 또는 제이의 대상으로 지목된 미제·남조선괴뢰정부에 대한 경계 및 적대 담론이 양적으로나 질적으로 많은 부분 축소·완화된 모습이 나타났다.

〈그림 2〉《로동신문》(2001~2019) 기사 제목 검색
: 미제, 일제, 남조선괴뢰, 제국주의, 자본주의

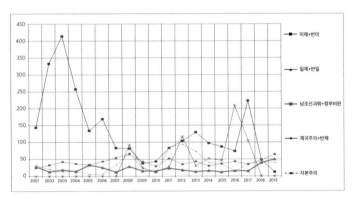

2000년대 초반까지만 해도 강조되었던 외부 세력, 특히 '미제'를 중심으로 한 경계 담론이, 2000년대 후반부터 많은 부분 감소하기 시작하였다. 특히, 김정은 후계 구도가 확정되고 정권이 시작된 2010년대 초반부터 《로동신문》 내부에서 외부 세계에 대한 전통적 차원의 비난 담론은 많은 부분 약화되었다. 2016~2017년 적대 담론이 약간 증가하였으나, 이는 곧 남북정상회담·북미정상회담 등이 성사된 2018~2019년 이후 다시 급감하였다.

이러한 변화는 비난 담론의 양적 변화뿐 아니라, 내용을 통해서도 나타났다. 그동안 '미제'는 북한 사회에서 타도의 대상인 '제국주의'를 세계사회 내에서 선두적으로 이끄는 존재로서 설명되었다. 따라서 이는 '미국'의 이름으로 호명되기보다는, 대체로 제국주의적 특성을 강조하는 '미제'로 호명된 측면이 있었다. 그러나 김정은 정권 들어 '미제'에 대한 언급은 줄어들고, 좀 더 객관인 차원에서 '미국'으로 그 용어의 사용이 변화되는 모습이 나타났다. 이에 대한 기사의 내용을 살펴보면 그 변화의 기조를 더욱 명확하게 확인할 수 있다.

최근 시기 미국의 반꾸바봉쇄정책을 반대배격하는 국제적 움직임이 날로 강화되고 있다. ··· **이란의 반미립장**도 나날이 강경해지고 있다. **이란과 미국 사이의 관계는 계속 악화**되고 있다. (《로동신문》, 2018.9.30)

미국에서 11월 현재 대학생들 채무액이 1조 4,650억US$에 달하였다. ···지금까지의 최고를 기록하였다. (《로동신문》, 2018.12.21.)

로씨야외무성이 최근 공보를 발표하여 로씨야의 은행에 대한 **미국의 제재를 비법적인 것으로 락인**하였다. (《로동신문》, 2019.3.18.)

다음과 같이 미국에 대한 기사는 부정적으로 나타나지만, 이전과 같이 북한 사회와 직접적인 연관성을 가지고 북한 '인민'들의 '투쟁 대상'으로 설명하는 태도는 많은 부분 완화되었다. 대신에 객관적 차원의 보도 형식이 강화되며, 현 정세를 중심으로 세계사회의 동향을 설명하는 중립적 입장으로 미국에 대한 논의가 변화되는 모습을 보였다.

'남조선괴뢰'에 대한 내용 역시 변화하였다. 김정은 시대 북한의 세계사회 내 대외 활동이 급전환할 수 있었던 것은 2017년 문재인 정부가 출범하게 되면서부터였다. 김정은 정권 초기 북핵 문제로 인해 세계사회 내 대북 제재 조치가 강화됨에 따라 북한은 대외적으로 극심한 고립의 환경에 처해 있었다. 이러한 상황 속에서 대내외적으로 친북 정책 기조를 드러낸 문재인 정부가 집권하게 되면서 북한에게 대외 관계 돌파의 기회가 주어지게 된 것이다.

초기 문재인 정부의 대북 포용 발언에 대해 부정적인 반응을 보이던 북한은,* 2018년 신년사를 통해 남북관계 전환에 대한 의지를 나타냈다.

새해는 … 남조선에서는 **겨울철올림픽경기대회가 열리는 것으로 하여 북과 남에 다 같이 의의 있는 해**입니다. 우리는 민족적 대사들을 성대히 치르고 민족의 존엄과 기상을 내외에 떨치기

---

* 북한은 문재인 대통령의 '베를린선언' 발표 다음 날 《로동신문》에 다음과 같은 사설을 발표하였다. "이번에는 머나먼 유럽땅 한복판까지 찾아가 《신베를린선언》이니 뭐니 하며 지지를 구걸한 현 집권자의 행태야말로 민족의 수치가 아닐 수 없다. (《로동신문》, 2017.7.15.)" 그 외에도, '관계 개선'에 대해 다음과 같이 논설하였다. "남조선 당국이 상대방을 공공연히 적대시하고 대결할 기도를 드러내면서 그 무슨 《관계 개선》을 운운하는것은 어불성설이며 여론기만행위라고밖에 달리 볼 수 없다." 《로동신문》, 2017.7.20.)

위해서도 동결 상태에 있는 **북남관계를 개선**하여 뜻깊은 올해를 민족사에 특기할 사변적인 해로 빛내여야 합니다. 무엇보다 북남 사이의 첨예한 군사적 긴장 상태를 완화하고 조선반도의 평화적 환경부터 마련하여야 합니다. 《로동신문》, 2018.1.1.)

이러한 관계 개선의 노력은 2018년 2월 9~25일 북한 선수단의 평창동계올림픽 참가로 이어졌다. 같은 해 4월 27일 판문점에서 남북정상회담이 개최되며 관계개선의 분위기는 정점을 맞았다. 이러한 분위기는《로동신문》을 통해 북한 일반 주민들에게도 비교적 상세하게 설명되었다. 남북정상회담 이후 북미정상회담 개최 합의가 이루어졌고, 이러한 남북 간 화해의 분위기는 2018년 9월 18~20일 평양에서의 3차 남북정상회담으로 이어졌다.

이어 김정은의 각국과의 정상회담이 이어지며 이 시기 북한의 외부 사회에 대한 적대적인 담론들은 많은 부분 약화되는 모습을 보였다. 그동안 미제·남조선괴뢰 등을 통해 구체화되고 적극적으로 표현되었던 외부 세계에 대한 적대적 경계 담론은 중립적 입장으로서 '미국'에 대한 설명, 또는 '동포'로서 강조되는 '남조선'에 대한 입장으로 나타났다. 이는 김정은이 대외적인 차원에서 세계사회와 평화적 차원에서의 교류를 시도할 뿐 아니라,

대내적인 차원에서도 북한 주민들을 대상으로 외부 사회에 대한 종래의 적대 인식을 점차 완화하고자 하는 모습으로 변화되고 있다고 논할 수 있는 부분이다. 김정은을 포함한 북한의 지도부가 미국의 주요 인사들과 접촉하는 과정을 상세히 보도하고, 데니스 로드맨과 같은 민간 차원의 인사를 북한 사회 내부에 초대하여 접견일정을 밝히는 것과 같은 일련의 상황들은, 북한의 담론이 더 이상 '사회주의 진영' 국가들을 제외한 외부 사회 전반에 대한 '적대적 경계' 노선에 대한 무조건적 강조가 아니라, 이들을 점차 객관적으로 조망하고 인지함으로써, 북한 '국가'로서 이들과 유연한 관계 수립의 가능성을 보이며 상황에 따라 실리를 추구하거나 친선 교류를 구축하고자 노력하는 새로운 변화의 지점이라 논할 수 있다.

4. 결론: 북한 '평화적 보훈' 구축의 가능성

북한의 보훈 담론은 오랜 기간 '수령'을 중심으로 한 일원화된 사회 공동체 수립의 논의에서 크게 벗어나지 않은 채 유지되어 왔다. '수령'을 '결사옹위'하고 자본주의에 비해 발전된 '사회주의

건설'에 이바지하는 것이 국가/사회에 대한 '공로'로 규정되었다. 이에 따라 북한 보훈 담론은 과거 북한 정부가 수립되고 사회기틀이 마련되던 당시의 '공로' 행위에 그 내용을 제한하지 않고, 현재적 시점에서도 최고 지도자에 대한 충성과 사회주의 경제의 발전을 위한 사회동원 행위까지도 '공로' 행위로 인정함으로써 보훈의 담론을 계속적으로 강조하고 발전시켜 왔다.

이와 함께 보훈 담론을 이루는 주요한 한 축은, 제국주의·자본주의 세력에 대한 적대 담론이었다. 미제·일제·남조선괴뢰 등 외부 사회에 대한 적대적 경계 담론은 단순히 '사회주의'를 표방하는 북한 사회 대내적 차원에서의 안정적 수호와 발전을 위한 투쟁일 뿐 아니라, 세계사회 차원에서 전 세계인들을 자본주의와 제국주의로부터 해방시키고 이들의 안전하고 자유로운 생활을 보장한다는 '평화' 수호 행위로서 설명되었다. 이에 따라 북한 사회 내 미국·일본·남한 정부에 대한 비판 담론은 대외적·대내적 차원 모두에서 담론으로서의 정당성을 가지고 생성될 수 있었다. 그중 북한 제일의 적이자, 세계 제일의 적('원쑤')인 '미제'는 북한 사회 내에서 다른 모든 적대 세력을 압도하는 공동체 차원 제일의 경계 및 투쟁의 대상이었다. 그러나 2000년대 이후 이에 대한 적대적 경계 담론은 점차 약화되는 모습을 보이다가, 김정은 정권, 특히 2018년 남북정상회담 및 북미정상회담을 전후하여 급격히 약화되는 모습이 확인되었다. 제일의 비난 대상으로서 '미제'에 대한 담론과, 차선적 차원에서 강조되던 '남조선'에 대한 비난 담론이 약화·소멸되고, 중립적 차원에서 이들이 점차 객관적 대상으로서 대중에게 소개되는 모습이 나타났다. 이러한 사실은 북한이 국제사회와의 관계 개선을 지향하고, 이러한 변화의 모습을 미약하지만 북한 주민들을 대상으로 한 내부 담론 차원에서도 공유하기 시작하였다고 판단할 수 있다.

이러한 변화의 양상은 북한 사회가 그동안 주민들을 대상으로 한 보훈 관련 담론장 안에서 강력하게 유지하고 있는 것으로 고려되었던 북한 주민에 대한 외부 세계와의 완전한 단절, 그리고 적대적 경계 인식이 점차 무너지고 있다는 사실을 설명해 준다 할 수 있다. 평화를 폭력에서 멀어져 가는 과정, 즉 '감폭력(減暴力)'으로 정의한다면,(이찬수, 2019: 13-17) 북한이 미제·일제·남조선괴뢰를 중심으로 한 세계사회와의 적대적 관계 설정을 중립적으로 전환한다는 사실은, 북한 사회가 점차 세계사회와 공감할 수 있는 '평화적 방법'을 통한 소통을 지향하고, 이를 북한 주민들과도 공유하기 시작하였다고 논할 수 있다. 변화하는 세계사회와 한반도, 그리고 북한 내부의 환경 속에서 북한의 이러한 변화가 계속될지 회귀될지는 계속적인 담론의 추적과 분석을 통해 살펴보아야 한다. 그러나 장기적인 차원에서 살펴볼 때, 북한 보훈 담론의 영역에서는 적어도 적대적 경계가 점차 완화되고 있으며 '평화적' 교류의 신호가 미세하나마 나타나고 있다고 논할 수 있다.

보훈-갈등전환-평화의 선순환

허지영_ 서울연구원

1. 들어가는 글

나라사랑정신을 기리고 국가 공동체를 위한 희생이나 공헌에 대한 보답으로서 보훈은 대한민국의 국가 정체성과 본질적으로 매우 깊은 관련이 있다.(김주환, 2015) 보훈 제도는 현재의 대한민국을 이루기까지 가장 중요한 의미가 있다고 판단되는 가치인 '독립'과 '호국' 그리고 '민주화'에 공헌한 분들에 대한 예우를 토대로 하는데(국가보훈기본법 3조, 2005), 이러한 보훈의 가치에는 대한민국의 역사 인식이 반영되어 있다. 과거 보훈 정책이 주로 독립유공자와 6·25 참전용사 중심으로 설계되었다면, 점차 자유민주주의 발전에 기여하고 공무 수행 중 국민의 생명 또는 재산 보호 등을 위해 희생되거나 공헌한 분들을 포함하는 방향으로 보훈의 범위는 확장되었다. 보훈 대상의 변화는 우리의 역사 인식과 국가 정체성에도 변화가 있었다는 것을 의미한다. 즉, 과거에는 독립운동과 6·25전쟁에서의 호국 행위가 가장 중요한 애국적 행동으로 여겨졌다면, 민주주의 발전 과정에서 희생당한 분들을 예우하는 방향으로 보훈의 대상이 확대된 것은 우리 사회에서 민주화를 매우 의미 있는 가치로 인정하는 보편적 인식이 형성되었다는 것을 뜻한다. 이렇게 보훈은 현재를 살아가는 국민이 오늘날 대한민국이 존재할 수 있도록 만들어 준 과거를 어떻게 기억할 것이며 또한 이를 바탕으로 어떤 국가 정체성을 형성하느냐와 매우 깊은 관련이 있다.

대한민국은 국가 형성기에 식민지로부터의 독립과 분단 그리고 전쟁이라는 일련의 비극적 역사를 경험했다. 일본 제국주의에 저항하는 과정에서 강력한 민족주의가 한반도에 뿌리내렸지만 독립 후 분단된 국가가 건국되는 정치적 혼란과 전쟁은 남한 사회에 강력한 반공주의를 남겼다. 따라서 대한민국 국가형성기부터 민족 정체성과 국가 정체성이 본질적으로 상호 모순적이고 충돌하는 개념을 바탕으로 형성되었으며 현재까지도 국가 정체성이나 역사 인식이 합의되지 못하고 정치적 성향에 따라 첨예하게 대립하고 있다. 민주화는 반공주의에 저항하는 사상과 담론이 사회에서 공공연히 논의되는 계기가 되었으며, 1990년대 후반부터 연이어 집권한 두 진보 정부에서 국가 정체성에 대한 새로운 관점과 역사 해석이 정책 변화를 통해 제도화되며 사회에서 공식적으로 받아들여지기 시작했다. 주로 대북, 대미 정책 갈등으로 시작된 남남갈등은 점차 과거 청산이나 '진실·화해를 위한 과거사 정리위원회(또는 진실화해위원회)'의 설치와 같은 새로운 국내 정책의 도입으로 인해 대한민국 근현대사와 관련된 논란으로 확산되었다. 이는 정치적 성향에 따라 역사와 국가 정체성을 보는 시각이 매우 분열된 남한 사회의 현실을 잘 보여준다. 민주사회에서 서로 다른 의견이 공존하고 때때로 충돌하는 것은 자연스러운 일이지만, 남남갈등의 문제는 전쟁이라는 폭력적 경험과 이후 장기간 지속된 남북한 갈등에서 파생되어 나타나는 결과로 갈등 현상의 깊이가 매우 깊고 적대나 혐오와 같은 부정적인 감정과 결합하여 이성적이고 민주적인 토론과 합의를 방해하여 궁극적인 갈등 전환을 어렵게 만든다.

본 글은 보훈과 국가 정체성이 불가분의 관계에 있다는 전제를 바탕으로 우리 사회가 직면한 심각한 남남갈등 문제를 국가 정체성에 대한 상호 모순적인 관점과 내러티브가 충돌하며 발생하는 현상으로 이해한다. 이런 관점을 바탕으로 보훈 정책이 갈등을 넘어 대한민국 공동체의 본질적 정체성을 확립하는 데 공헌하는 방안을 모색하고자 한다. 국가 정체성에 대한 이론적 설명을 살펴보기 위해 국제정치학의 구성주의(constructivism) 이론과 평화갈등학에서 논의되는 고질갈등(intractable conflict) 이론, 내러티브 정체성(narrative identity) 그리고 갈등전환기 사회에서 역사 내러티브와 정체성의 역할에 대해 고찰하고 남한 사회의 갈등전환과 남북한의 평화적 공존을 위한 선순환에 기여하는 보훈의 의미와 잠재력에 관해 논의할 것이다.

2. 이론적 배경

1) 국가 정체성과 내러티브

국제정치학의 구성주의는 국가 정체성의 정치적 역할을 특별히 강조하는 이론이다. 구성주의 관점에서 국가 정체성은 국제체제 안에서 국가가 자신의 적합한 역할과 행동을 판단하는 기준이 되며 국가의 중요 정책을 결정하는 데 상당한 영향을 미친다.(Wendt, 1992) 민족이나 국가의 구성원들이 하나의 공동체라고 믿는 심리학적인 '소속감(sense of belonging)'이 정체성을 형성하는 핵심이다.(Connor, 1978) 즉, 국가나 민족의 정체성은 과학적으로 증명된 사실을 바탕으로 형성되는 것이 아니며 또한 고정된 개념이거나 선험적으로 주어지는 것도 아니다. 사회적 합의를 바탕으로 형성되며 사회의 변화에 따라 재구성될 수 있기 때문에 국가나 민족은 일종의 '상상의 공동체(imagined community)'이다.(Anderson, 1983) 국민은 국가 정체성을 바탕으로 국가에 대한 소속감과 충성심을 발전시키게 된다. 이처럼 정체성은 기본적으로 '우리'가 누구인지를 규정하고 구성원 간 유대감을 형성하는 개념이지만, 동시에 '우리'로부터 '타자'를 분리해 내는 개념이기도 하다.(Triandafyllidou, 1998: 597) 특히, 역사적으로 오랫동안 깊은 상호작용을 해 온 '주요 타자(significant others)'의 정체성은 매우 중요한데, 주요 타자의 정체성에 따라 외교나 안보 정책이 달라질 수 있기 때문이다.(Triandafyllious, 1998: 569-600) 주요 타자의 유형은 크게 세 가지로 구분된다. 첫 번째 유형은 오랜 기간 관계를 맺어 온 이웃 국가나 민족이며, 두 번째 유형은 국가의 위기 상황에서 중요한 역할을 했던 국가나 민족이다. 마지막은 국가의 존립이나 정체성에 위협이 되어 온 민족과 국가이다. 대한민국에게는 일본과 중국, 미국과 북한 등이 가장 중요한 주요 타자라고 할 수 있다.

국가 정체성과 민족 정체성은 영토·종교·관습·언어·역사 등의 유사한 요인들에 영향을 받아 형성되지만, 국가 정체성은 정치체제와 밀접하게 연결되어 있다는 점에서 구별된다. 남북한은 단일민족으로서의 정체성을 공유하지만 분단과 전쟁을 겪으며 상호 적대적인 국가 정체성을 형성했다. 따라서 본질적으로 모순적인 측면이 강한 대북 정체성은 대한민국 국가 정체성의 형성에서 가장 중요하며 동시에 가장 논란이 되는 문제로 보훈의 '호국'의 가치와 관련된다. 또한 이웃 국가로 오래 교류해 왔지만 식민 지배로 인해 적대적인 정체성이 형성된 일본의 정체성은 '독립' 가치와 연결된다. 하지만, 앞서 언급했듯이 국가 정체성이나 민족 정체성은 고정불변의 것이 아니라 역사와 정치적 맥락 속에서 사회적 합의를 바탕으로 변화하고 재구성될 수 있다. 확고한 반공주의를 기반으로 형성되었던 대한민국의 국가 정체성은 1970년대와 1980년대를 지나며 탈냉전이라는 국제 정세의 변화와 경제성장 그리고 민주화와 같은 정치사회적 변화 속에서 재구성되었으며, 이에 독립과 호국 중심이었던 보훈 정책도 민주화에 공헌한 분들에 대한 예우를 포함하는 방향으로 확대되었다. 우리 사회에서 민주화를 매우 중요한 가치로 여기는 보편적 인식이 형성되고 제도화되어 공식적으로 인정받기 시작했다는 것을 뜻한다. 이렇게 보훈은 현재를 사는 국민들이 대한민국이 존재할 수 있도록 만들어 준 과거를 어떻게 기억하고 이를 바탕으로 어떤 국가 정체성을 형성하는지와 밀접한 관계가 있다.

그렇다면 정체성은 어떻게 표현이 되는 것일까? 정치사회학과 심리학을 연결하여 정체성을 이해하고자 하는 시도에서 발전된 개념인 내러티브 정체성 이론은 정체성이 어떤 형태로 표현되는지에 대한 설명을 제공해 준다. 내러티브 정체성 이론에 따르면 인간은 이야기를 구성하는 과정을 통해 세상을 이해하며, 정체성 또한 내러티브, 곧 일련의 사건들에 대해 말이나 글로 형성된 일관성 있는 이야기의 형태로 표현된다.(Hammack & Pilecki, 2012: 76) 국가 정체성은 법, 제도, 문화, 역사와 같은 사회의 여러 영역에서 문학, 영화, 방송, 언론, 교과서 등의 다양한 매체를 통해서 또는 정치나 사회지도자들의 담론을 통해서 그리고 개인 간 대화나 스토리텔링의 방법으로 전달되는데, 그 기저에는 일관성 있게 구성된 내러티브가 자리하고 있다. 따라서 사회 구성원들은 일상에서 자연스럽게 각종 매체를 통해 전달되는 내러티브를 접하고 살아가며, 국가, 민족, 정당이나 특정 단체에 의미를 부여하고 충성심을 갖게 된다. 특히, 집단기억을 바탕으로 형성된 역사 내러티브와 이를 전달하는 역사 교육은 국가 정체성의 형성에서 매우 중요한 역할을 담당한다.(Liu & Hilton, 2005; Hammack & Pilecki, 2012) 집단기억과 역사 내러티브는 법, 정책, 규정 등을 통해 제도화되는데, 제도화된 내러티브는 국가를 대표하는 공식적 내러티브(official narrative)가 되어 사회에서 역사적인 사실로 받아들여지고 국가의 중요한 정책이나 의사결정에 영향을 준다. 또한 국제사회에서 해당 국가를 대표하는 내러티브와 관점으로 인정받는다.(Nets-Zehngut & Bar-Tal, 2014: 69)

2) 고질갈등과 국가 정체성

(1) 고질갈등의 개념과 특징

본 글은 국가 형성기에 있었던 역사적 혼란이 대한민국 국가 정체성의 형성에 상당한 영향을 미쳤다는 것을 전제로 논의를 발전시키는데, 이런 관점에 중요한 시사점을 제공하는 이론적 개념이 고질갈등이다. 1945년부터 1995년 사이에 발생한 309건의 국제분쟁 중 폭력을 동반한 갈등이 평화로운 방법으로 종결되지 못하고 15년 이상 지속된 사례는 75건에 달한다.(Bercovitch, 2005) 국제평화학에서는 이런 유형의 갈등을 '다루기 어려운 고질적인 갈등(intractable conflict, 고질갈등)'으로 분류한다.(Kreisberg, 1989) 고질갈등은 폭력적인 갈등이 평화적인 방법으로 종결되지 못하고 장기간 지속되어 해결이 매우 까다로운 갈등으로 정의된다.(Bar-Tal & Halperin, 2013: 924) 대부분의 고질갈등 사례는 민족 분쟁이었으며 특히 폭력적인 사례는 다민족 국가에서 또는 지리적으로 이웃한 국가나 민족 사이에서 발생했다. 북아일랜드나 남북한과 같이 드문 경우지만 하나의 민족이 가치관이나 정체성 또는 이데올로기의 차이로 고질갈등을 경험한 사례도 있다.(Bar-Tal, 2013: 12-17)

고질갈등 이론은 갈등이 장기화되는 과정에서 해당 사회가 만들어 내는 폭력구조나 갈등문화 그리고 사회 구성원들의 심리와 감정에 미치는 영향이 평화적인 갈등전환을 방해한다는 사실에 주목한다. 또한 갈등이 장기화될수록 애초에 갈등을 유발한 원인에 다른 정치, 역사, 문화적 요인들이 결합하여 고질갈등은 다층적 구조로 구성된다는 점을 강조한다. 이런 관점에서 보면 한반도 갈등은 본질적으로는 남북한 양자 관계의 문제이지만 동시에 중국이나 미국과 같은 관련국들의 이해가 얽힌 국제적 차원의 문제이다. 또한 남북한 고질갈등으로 인해 북한과 남한 각 사회에 형성된 폭력구조와 갈등문화 그리고 국민들의 심리와 감정의 문제까지 관련된 복합적이고 다층적인 문제이다. 따라서 고질갈등 이론은 고질갈등에서 벗어나는 과정에서는 오랜 갈등 상황에 영향을 받아 해당 사회에 형성된 폭력구조와 갈등문화 그리고 국민의 적대적 감정과 심리적인 변화가 반드시 종합적으로 고려되어야 한다고 주장한다.(Bar-Tal, 1998a; Kelman, 2007)

(2) 고질갈등과 갈등 내러티브

고질갈등 상황은 국가 정체성, 즉 내러티브의 형성에 상당한 영향을 준다. 우리 집단의 생존과 직결된 문제인 고질갈등 상황에서는 본질적으로 '선한 우리'와 '악한 타자'의 이분법적 세계관을 바탕으로 내러티브 정체성이 형성된다. 이를 '갈등 내러티브(conflict narrative)'(Cobb, 2013) 또는 '갈등을 지지하는 내러티브(conflict-supportive narrative)'(Bar-Tal, 2013: 254-257)라고 한다. 특히 전쟁과 같이 폭력적인 과거에 대한 내러티브는 우리 집단에 대해서는 순수한 피해자라는 점을 강조하거나 부당한 폭력에 저항한 영웅적 행위에 초점을 두고 묘사하는 반면, 상대는 본질적으로 악하며 무자비한 폭력을 사용한 가해자로 비인간화해서 서술하는 경향이 강하다.(Chhabra, 2016: 243) 흑백논리를 바탕으로 단순한 구성으로 서술되는 갈등 내러티브는 갈등이 장기화될수록 신념으로 굳어지게 되어 변화시키기 매우 어렵고(Chhabra,

2016: 253) 갈등을 유지하는 메커니즘으로 작동할 뿐만 아니라 집권 세력의 권력 유지를 정당화하는 수단으로 활용되며 정치화된다(Cobb, 2013: 36-40).

갈등 내러티브를 기반으로 한 국가 정체성은 법이나 정책, 문화, 교육 등 사회의 각 분야에서 제도화 과정을 거쳐 '갈등문화'를 형성한다.(Bar-Tal, 2013: 247-263) 과거의 폭력적 갈등에 대한 집단기억과 갈등 상대에 대해 국민이 느끼는 극심한 혐오와 적대 감정이 정치적인 이익과 목적에 따라 재구성된 갈등 내러티브와 결합하여 갈등문화의 기초가 된다. 또한 고질갈등 상황에서는 자신의 신념에 반하는 정보를 차단하는 심리적 방어기제가 작동한다.(Chhabra, 2016: 244) 정상적인 상황에서라면 인간은 자신의 신념이나 가치관 또는 정체성에 모순되는 정보나 의견일지라도 그것을 받아들이고 인내하는 힘이 크며 사실 여부를 판단하는 합리적인 검증 과정을 거쳐 그 결과에 따라 자신의 믿음이나 가치관을 수정하기도 하지만(Chhabra, 2016: 253), 고질갈등 상황에서는 자신의 신념에 반하는 정보의 유입을 폐쇄하는 심리적 기제가 강력히 작동하여 자신의 가치와 정체성이나 세계관이 잘못된 것일 수도 있다는 사실을 인정하지 않으며 변화를 거부하게 되는 것이다. 따라서 갈등이 장기화될수록 자신의 신념이 옳다는 믿음이 더욱 강화되는데, 이렇게 고질갈등이 인간의 심리와 감정에 미치는 영향으로 인해 우리 집단은 무조건 옳고 선하며, 상대 집단의 가치와 신념은 근본적으로 악하다는 이분법적 세계관은 더욱 강력해진다.

3) 갈등전환기 사회와 내러티브

공식적으로 전쟁이 종료된 적이 없는 한반도는 사실상 분쟁 지역이다. 하지만, 휴전 이후 간헐적 소규모 충돌은 있었음에도 전면적 무력 갈등은 발생하지 않아 남한 사회에는 갈등전환기 (conflict transformation) 사회*와 분쟁 지역의 특징이 모두 관찰되는 이중적인 측면이 있다. 휴전 이후 북한과의 안보 상황을 통제

---

* 갈등해소(conflict resolution)는 중재와 조정, 협정 등의 방법으로 정치적 화해 행위를 통해 갈등이 종식될 수 있다고 보는 개념이며 평화협정 등을 통해 공식적으로 갈등이 해소된 사회를 탈갈등(post-conflict) 사회라고 한다. 반면에 갈등전환은 근본적으로 갈등은 인간 사회에서 피할 수 없고 오히려 갈등이 잘 관리될 수 있다면 사회에서 바람직한 방향으로 작용할 수도 있다는 전제를 바탕으로 한다. 이런 관점에서 갈등전환은 갈등이 덜 파괴적인 방향으로 그리고 갈등 당사자 간 관계가 경쟁적이지 않은 방향으로 변화되는 과정(process)을 의미한다.(Kreisberg, 2011: 50)

하면서 전쟁의 상처를 극복하고 사회를 통합해야 했던 남한 정부에게 폭력적 과거를 다루는 문제는 매우 어렵고도 중요한 과제였는데, 이는 갈등전환기 사회가 직면하는 일반적인 어려움이기도 하다. 따라서 갈등전환기 사회에서 역사 내러티브와 역사교육의 역할은 특별히 중요하다. 폭력적 과거에 대한 집단기억과 내러티브를 공식적인 사실로 제도화하고 다음 세대에 전달하는 수단이 되기 때문이다. 역사 교육을 통해 전달되는 공식 내러티브는 국가 정체성을 강화하고 내집단을 통합하는 수단이 될뿐만 아니라 현재 국가가 당면한 문제를 판단하고 의사결정을 내리는 근거로 사용되기 때문에 정치적으로도 중요한 의미가 있다.(Liu & Hilton, 2005: 537) 예를 들어, 일본과 한국 사이에서 논란이 되어 온 여러 이슈들은 현실주의(realism) 이론이 주장하듯이 이해계산에 따라서만 결정되지 않는다. 대일 관계에서는 집권 정당이나 대중의 역사 인식과 대일 정체성에 대한 관점이 투영되어 국익이 결정되기 때문이다.

고질갈등의 맥락에서는 '우리' 공동체와 상대 집단을 분리하며 내집단을 통합하는 데 매우 유용한 수단이 되는 역사 내러티브와 국가 정체성의 역할은 더욱 중요하다. 대표적인 고질갈등 사례 중 하나인 이스라엘-팔레스타인 분쟁에서 유대인 홀로코스트에 관한 역사 내러티브는 이스라엘 국가의 팔레스타인 점령을 정당화하는 정치적 수단이 되며 또한 국가의 강력한 안보 정책을 지지하는 유대인의 정서에 상당한 영향을 미쳤다.(Hammack & Pilecki, 2012: 85) 갈등전환기 사회는 분열된 사회를 통합하고 재건하는 과정에서 다양한 어려움에 직면하지만 그중에서도 폭력적이고 비극적인 과거를 처리하는 문제는 가장 다루기 어려운 반면 국가의 미래에 영향을 미치는 중요한 문제이기도 하다. 대부분의 갈등전환기 사회는 한때는 '적'이었던 민족이나 국가와 이웃하여 살아가거나 때로는 하나의 정치 공동체 안에서 공존해야 한다. 적대 관계에 있던 집단과 공동체를 이루고 살아가기 위해서는 과거 청산이나 화해 또는 용서의 과정이 필요하며 이를 통해 공통의 정체성을 새롭게 형성하거나 적어도 상호 적대적인 정체성이 해체될 필요가 있다. 하지만 폭력적 사건에 대한 집단기억과 내러티브는 집단이나 개인의 경험과 기억에 따라 전혀 다른 내용으로 구성되거나 때로는 상호 모순된 내용을 바탕으로 형성되기도 한다. 결과적으로 공통의 정체성을 형성하고 집단 간 화해를 이루어 가는 과정은 복잡하고 오랜 시간을 필요로 한다.

따라서 폭력적 갈등으로 인한 상처와 기억으로 여전히 분열된 국민을 단시간 안에 통합하고 사회를 재건해야 하는 갈등전환기 사회의 집권 세력은 정치적 목적 달성에 유리한 특정 신념이나 가치관, 규범과 이데올로기를 바탕으로 재구성된 내러티브를 다양한 방법으로 사회에 확산시킨다. 그러므로 갈등전환기의 역사 교육은 사실을 전달하기 위한 목적보다는 정치적인 의도에 맞게 역사 내러티브를 재구성하여 전달하는 경우가 많다.(Bentrovato, 2017: 39) 특히, 전쟁이나 학살과 같이 극도로 폭력적인 사건에 대한 역사 내러티브는 흔히 우리 집단의 행동은 정당하고 영웅적으로 묘사하는 반면 상대는 본질적으로 악하고 폭력적인 집단으로 서술하는 경향이 강한데(Chhabra, 2016: 243), 이러한 역사 서술 방식을 '기념비적 역사(monumental history)'라고 한다. 갈등전환기 사회는 폭력적 과거를 다루고 사회를 재건하는 과정에서 보통 '기념비적인 역사' 또는 '비평적 역사(critical history)' 중 하나의 방식을 선택해야 하는 딜레마에 직면한다.(Korostelina, 2016) 기념비적 역사는 순수한 피해자로서 우리 집단의 희생과 우월성을 강조하는 한편 상대는 본질적으로 악한 가해 집단으로 단순화해 서술한다. 이처럼 기념비적 역사 서술의 목적은 객관적 사실 전달이 아니라 우리 집단의 행위와 상대에 대한 적대와 혐오의 감정을 정당화하며 사회를 통합하는 수단으로 역사를 활용하는 데 있다. 그 결과 갈등전환기 사회에서 역사 교과서 서술과 개정은 매우 정치적인 영역이며 집권 세력의 가치관과 이익에 따라 서술이 달라지기도 한다. 동일한 역사적 경험이 전혀 다른 용어와 내러티브로 표현될 수 있다는 것이다. 최근 다음 대선의 유력 후보가 한국전쟁에 참전한 미군을 점령군으로 묘사한 것과 관련해 벌어진 논란은 남한 사회에서 매우 정치화된 역사 내러티브를 잘 보여주는 사례이다.(탁지영, 2021)

갈등전환기 사회에서 대부분의 집권 세력들은 기념비적 역사 서술 방식을 채택함으로써 역사를 사회 통합의 수단으로 활용하지만, 이는 사회를 가해집단과 피해집단으로 다시 양분하며 갈등의 원인을 단순화해 한 집단에 전가하기 때문에 또 다른 갈등의 원인이 될 수 있다. 그렇기 때문에 고질갈등을 평화롭게 전환하는 과정에서 기념비적 역사 내러티브를 비평적 역사 내러티브로 변화시키는 것이 매우 중요하다. 비평적 역사 서술은 폭력과 갈등의 원인을 단순히 한 가해집단의 악한 본성이나 잘못으로 돌리는 것을 경계하고, 폭력과 갈등을 발생시킨 복잡한 정치사회적 맥락을 제공하여 역사를 단순한 흑백논리로 이해하는 것이 아니라 종합적인 맥락을 바탕으로 이해하도록 돕는다. 이는 가해자들의 행위를 정당화하려는 의도가 아니라 충분한 배경 맥락과 상황을 설명함으로써 비평적인 관점에서 폭력과 갈등이 발생한 상황을 이해하고 종합적으로 분석할 수 있는 기회를 제공하는 것이다. 따라서 비평적 역사 내러티브는 특정 집단에 대한 충성심을 불러일으키려는 정치적 목적에 따라 역사를 기술하지 않으며 갈등의 발생 원인과 과정에 대한 다양한 관점을 균형 있게 서술하고 전달한다.(Korostelina, 2016)

  최근 갈등전환기 사회의 역사 교육에 관한 사례 연구들은 갈등하는 집단 사이의 화해와 평화 구축에 공헌할 수 있는 역사 교육의 잠재력에 주목하고 있다.(Bentrovato, 2016) 또한 많은 평화운동가들이 갈등전환기 사회나 고질갈등을 겪고 있는 사회에서 기념비적 역사 내러티브를 변화시키고 역사 교육을 평화운동과 결합하려는 노력을 계속해 왔다. Bar-Tal(1998b)은 이스라엘의 교과서들이 유대인의 희생과 연합, 안보를 강조하는 반면, 아랍인들을 부정적으로 묘사하는 기념비적인 내러티브를 바탕으로 서술되어 있다고 분석한 바 있다. 그러한 역사 내러티브는 유대인의 정체성을 강화하고 유대인을 통합하는 데 기여할 수 있지만, 이스라엘과 팔레스타인 간 갈등의 악순환을 유지하는 데 상당한 역할을 한다.(Hammack & Pilecki, 2012: 85) 이에 Kelman(1999)은 이스라엘과 팔레스타인 분쟁을 평화로운 방법으로 전환하기 위해서 상대 민족이 가지고 있는 긍정적 측면을 인정하고 양 집단 사이에 긍정적 상호 의존 관계를 형성하는 데 중요한 역할을 할 수 있는 비평적인 역사 내러티브 형성의 필요성을 강조한다.

3. 보훈과 갈등전환

1) 보훈과 남남갈등

보훈은 우리에게 국가유공자들이 희생을 감수하면서까지 지키고자 했던 가치를 되새기고 국가를 형성하고 발전시키는 데 중요했던 역사적 사건들을 기억하고 희생자들을 기념할 수 있는 계기를 제공한다. 하지만, 대한민국에서 역사 내러티브는 논란의 중심에 있다. 정치적 성향에 따라 역사 해석이 첨예하게 대립하며 우리가 지키고 기려야 할 핵심 가치를 둘러싼 논쟁도 끊이지 않는다. 1998년에 남한 역사상 첫 진보 정권인 김대중 정부(1998-2003)가 들어서면서 다양한 영역에서 반공주의에 대항하는 내러티브를 반영한 정책들을 제도화하려고 노력했는데 대표적인 사례가 햇볕정책이었다. 대북포용정책은 북한을 적으로 보는 관점에서 벗어나 공존과 협력의 파트너로서의 정체성을 형성하고자 하는 시도였으며, 햇볕정책으로 인해 실제로 북한을 경계하는 대중의 인식은 점차 완화되고 북한에 대한 긍정적 담론이 사회에서 논의되기 시작했다. 하지만, 햇볕정책은 보수와 진보 진영 간 갈등이 본격화된 계기가 되었다. 2000년 6월 분단 역사상 처음으로 개최된 남북정상회담 후 일부 언론이나 정치권에 처음 등장한 남남갈등이란 용어는 이후 분열된 남한 사회를 가리키는 말로 보편적으로 사용되고 있다.(이우영, 2012)

2018년 연이어 개최된 남북 그리고 북미 정상회담으로 인해 핵 위기 해결과 한반도 평화 구축에 대한 기대가 그 어느 때보다 높았다. 하지만, 2019년 베트남 하노이에서 열린 2차 북미회담의 결렬과 계속된 대북 경제제재로 북미와 남북 관계 모두 교착상태에 빠졌고, 코로나 악재가 더해지며 현재 남북한 교류와 협력은 거의 중단된 상태이다. 한반도를 둘러싸고 급랭한 정세는 남한 국민의 대북 인식에 반영되어 나타나는데, 2020년 KBS에서 실시한 '통일인식조사'에 따르면 북한을 '경계 대상'으로 보는 응답자는 2018년 33.7%에서 2020년에는 43.7%로 증가했으며 '적대 대상'이란 응답도 2018년 11.3%에서 2020년 29.3%로 큰 폭으로 상승해 2020년 북한을 부정적인 대상으로 보는 응답이 총 73%에 달했다.(KBS 남북교류협력단, 2020) 반면 북한에 대한 긍정적 인식은 급격히 감소하여 2018년에는 북한은 '협력 대상'이라는 응답이 41.8%였으나 2020년에는 19.4%로 나타났다. 문재인 정부의 대북 정책에 대한 의견을 묻는 문항에는 2018년 찬성 76.6%, 반대 23%였던 데 반해 2020년에는 찬성 48.5%, 반대 51.5%로 대북 정책에 관한 국민 여론이 거의 반으로 나뉘어 팽팽하게 맞서는 남남갈등 현상이 나타나고 있다. 이런 결과는 남한 사회에서 진보 정부의 지속적인 노력으로 완화되어 온 적대적 대북 정체성이 핵개발이라는 안보 위기에 영향을 받아 다시 강화되었다는 사실을 보여준다. 평창올림픽이나 남북정상회담의 개최와 같이 문재인 정부에서 추진된 평화 정책들이 북한을 협력 대상으로 보는 대중의 인식에 상당한 영향을 주었지만, 비핵화를 위한 북미회담의 결렬이라는 변수의 발생으로 다시 부정적 대북 인식이 증가하고 대북 정책에 관한 남남갈등이 심화되었다. 이는 지금까지 진보 정부에서 시도했던 다양한 정책들이 적대적 대북 정체성을 점진적으로 완화하고 한반도 갈등을 평화적으로 종결하고자 하는 담론을 확산시키는 데 상당히 공헌했지만 여전히 남남갈등의 궁극적인 전환은 이루어지지 못했다는 것을 보여준다.

남남갈등의 시작은 대북·대미 정책, 즉 주요 타자에 관한 정책 갈등이었다. 대한민국에게 가장 중요한 '주요 타자'인 북한을 어떻게 정의할 것인지를 두고 벌어진 남남갈등은 본질적으로 남북한 고질갈등과 깊이 연결된 문제이며 대북 정체성을 둘러싼 논란은 앞서 언급한 여론조사에서도 나타났듯이 현재까지도 해결되지 못하고 남남갈등을 지속시키는 요인 중 하나이다. 북한의 정체성을 외교의 파트너이자 한반도에서 공존해야 할 대상으로 전환하고자 했던 김대중 정부의 시도는 여전히 북한을 '적'으로 여기며 경계하는 정체성을 지닌 보수 정치인과 지지자들의 극심한 반대에 부딪혔고 남남갈등이 본격화되었다. 이어 집권한 노무현 정부(2003-2008)에서는 북한의 핵개발이라는 최대의 안보 위기 발생에도 가장 중요한 안보 동맹으로 여겨졌던 미국의 정책과 불협화음을 냈으며 이로 인해 대북·대미 정책을 둘러싼 남남갈등은 심화됐다. 안보 위기의 발생은 곧 미국과의 강력한 협력으로 이어졌던 과거와 달리 진보 정부는 때때로 미국의 노선과 충돌하는 독자적인 정책 노선을 택하였는데, 이는 주요 타자인 북한과 미국에 대한 정체성을 재정립하려는 일관된 노력이었다. 따라서 대북 정체성의 변화뿐만 아니라 대미 정책의 변화 또한 진보 진영에서 주도한 정체성 정치의 결과로 볼 수 있다.(Shin, 2012) 서재정은 남남갈등이 한국 사회에서 미국을 가장 중요한 안보 동맹으로 여기는 '보수 정체성(conservative identity)'과 미국에 저항하는 관점을 바탕으로 하는 '진보 민족주의 정체성(progressive nationalist identity)'이 충돌하며 발생한다고 분석하였다.(Suh, 2004) 이처럼 초기에는 주로 대북·대미 정체성 갈등으로 나타난 남남갈등은 이명박(2008-2013), 박근혜(2013-2017)로 이어진 보수 정부에서 더 첨예하게 대립했다. 북한이나 미국과 관련된 거의 모든 정책 결정과 관련하여 갈등 현상이 뚜렷해지며 천안함 침몰 사건이나 사드 도입과 같은 안보 이슈뿐만 아니라 미국산 광우병 소고기 수입과 같은 사회정책에 대해서도 극심한 대립과 갈등이 발생했다.

노무현 정부에서 본격적으로 추진된 과거 청산이나 역사 교과서 개정과 같은 정책의 도입은 남남갈등이 점차 대한민국의 역사와 자기 정체성(self-identity)에 관한 논란으로 확장되는 계기가 되었다. 이후 정권 교체기마다 꾸준히 논란이 되어 온 역사 교과서 서술의 문제나 선거철마다 나타나는 유력 후보의 역사관을 둘러싼 갈등은 남남갈등이 근본적으로 대한민국 국가 정체성을 둘러싸고 벌어지는 논란이라는 것을 잘 보여준다. 반공주의 노선을 바탕으로 서술되었던 근현대사 내러티브가 변화되고 새로운 관점들이 정책을 통해 제도화되면서 보수우파 진영이 느끼는 위기의식은 뉴라이트 운동과 같은 보수 시민운동을 촉발시켰다.(윤해동, 2012) 뉴라이트 운동은 진보 진영의 역사 인식이 대한민국 정체성의 본질을 흔들고 있다고 주장하며 소위 좌편향 역사 교과서 서술을 개정하기 위한 정치 운동에 집중하며 보수의 관점을 담은 역사관을 재정립하고자 노력했다. 이로 인해 대한민국 근현대사를 둘러싼 대립은 더욱 심화되었다. 비록 뉴라이트 운동이 주류 정치 세력으로 자리매김하지 못했을지라도 보수 진영의 역사 내러티브를 재정립하는 데 크게 기여하며 보수 지지자들의 역사인식에 상당한 영향을 미쳤다.(Heo, 2020: 217-251) 역사 교과서 논란은 2015년 박근혜 정부의 국정교과서 도입 시도로 절정에 이르렀으나 이후 집권한 문재인 정부에서 정책이 폐기되면서 일단락되었는데, 여전히 논란이 되고 있는 건국절 재정과 같은 문제에서 근현대사를 둘러싸고 정치 진영과 시민 사회 그리고 일반 국민의 여론까지 팽팽히 맞서고 있는 한국 사회 현실이 잘 드러난다. 이스라엘과 팔레스타인 분쟁에서도 관찰되듯이 이스라엘의 건국이 유대인들에게는 기억하고 기념해야 할 역사적 사건이지만 팔레스타인 민족에게는 비극적인 날로 기억된다. 이처럼 상호 대립하는 정체성을 지닌 집단에게는 하나의 역사적 사건이 상반된 집단기억과 역사 내러티브로 형성되고 후대에 전달된다. 한국 사회에서도 동일한 역사 경험에 대해 보수와 진보 진영이 상호 모순적인 집단기억과 역사 내러티브를 구성하고 충돌하는 것이다.

하지만, 자기 진영의 관점과 신념에 동의하지 않는 집단과 개인을 '적대적인 타자'로 규정하고 적대와 혐오의 감정을 표출한다는 점에서 근본적으로 보수와 진보의 내러티브는 유사하다. 매우 상반된 역사 인식과 국가 정체성을 바탕으로 형성되었음에도 두 내러티브가 유사한 특징을 보이는 이유는 다양할 것이다. 하지만 앞서 살펴본 이론들을 바탕으로 몇 가지를 지적해 보면 우선 보수와 진보의 내러티브 모두 고질갈등 상황에서 형성되어 '적'과 '나'를 명확히 구분하는 이분법적 세계관을 바탕으로 하며 부정적 감정과 결합하여 표현된다는 점이다. '우리'와 '타자'를 구분하는 기준은 다르지만, 자신들이 규정한 '타자'를 사회에서 배제하고자 하며 강한 적대감을 표출한다는 점에서 동일하다. 예를 들어 북한을 적으로 보는 정체성 내러티브는 같은 대한민국 국민일지라도 북한에 옹호적인 민족주의 내러티브를 적대시하는 경향이 강하다. 반면에 강한 민족주의를 바탕으로 제국주의

즉, 친일이나 친미 세력을 적대시하는 진보 진영의 내러티브는 한반도 고질갈등의 평화적인 전환을 강하게 추진하면서도 이분법적 세계관이 지닌 한계를 넘지 못하고 자신들의 신념에 동의하지 않는 집단을 적폐 세력이자 적으로 규정하며 평화 정책을 시행하는 과정에서도 반대하는 시민들을 설득하는 노력이 부족했다. 또한 두 내러티브는 기념비적인 방식으로 역사를 서술하는 경향이 강해 우리 집단은 순수한 피해자이자 악한 적대 세력에 맞서 싸운 영웅으로 단순화해 묘사한다. 즉, 타자에 대한 정의는 상이하지만 진보와 보수 내러티브 모두 타자를 적대시하고 혐오하며 역사를 단순한 흑백논리로 해석하는 기념비적인 역사의 특징을 보인다. 마지막으로 고질갈등 상황이 사람들의 심리에 미치는 강력한 영향으로 인해 자신이 지지하는 역사 내러티브와 정체성만이 진실이라고 믿는 신념이 강화되는데, 이는 정치적으로 폭발적인 힘이 있다. 정치 세력들은 이렇게 강화된 신념과 감정 그리고 갈등 내러티브를 자신들의 정치적 이익과 목적을 달성하기 위한 수단으로 사용하며 정치도구화하는데 한국의 정치 세력들도 예외는 아니었다. 정체성 정치가 보수와 진보 양 진영에 의해 활용되어 쟁점이 되는 이슈마다 상대 집단을 '종북', '친북', '빨갱이'나 '친미', '친일', '제국주의자' 등으로 프레임

하는 방식은 남한 사회를 갈등의 악순환에서 벗어나지 못하게 하는 또 다른 요인이다.

최장집은 북한과의 평화적 공존을 위한 선결 과제로 남한 사회의 남남갈등 완화의 중요성을 지적한 바 있다.(이유정, 2020) 남남갈등은 남북한 고질갈등에서 파생되어 나타나는 현상으로 궁극적으로 남북한 간 갈등을 전환하는 과정에서 남남갈등을 해소하기 위한 노력이 반드시 포함될 필요가 있다. 더욱이 남남갈등은 정치나 안보의 문제를 넘어 사회의 모든 영역으로 확산되며 남한 사회에는 갈등문화가 일상화되었다. 예를 들어, 세월호 사건과 같이 비정치적인 이슈에 관해서도 정치적 성향에 따라 극명하게 의견이 대립하고 충돌하는 현상이 나타나 세월호 사건 재조사나 특별수사단 설치에 관한 의견이 정치 성향이나 지지하는 정당에 따라 극명하게 나뉘어 대립하였다.(김종훈, 2019) 다양한 의견이 공존하고 토론이나 대화를 통해 합의를 이루어가는 과정에서 상호 충돌하고 대립하는 현상은 민주 사회에서 자연스러운 일이다. 하지만, 남남갈등의 심각성은 남북한 고질갈등의 맥락에서 형성된 이분법적 세계관이 혐오나 배제와 같은 부정적 감정과 결합하여 자신의 의견이나 생각은 무조건 옳다는 '비성찰적 확신'을 바탕으로 상대 집단의 의견이나 관점을 인정하지 않을 뿐만 아니라 명확한 증거가 제시되더라도 받아들이지 않으며 우리 집단의 관점이 잘못된 것일 수도 있다는 성찰 자체를 거부한다.(Chhabra, 2016: 253) 따라서 자신의 신념에 대해 객관적이고 비평적인 사고를 방해하며 자신의 믿음이 옳다는 확신만 강화되고 상대에 대한 적대적 정체성이 확고해진다. 이처럼 고질 갈등에서 파생되어 형성되는 갈등 내러티브와 갈등문화는 표면적으로 드러나는 현상보다 갈등의 깊이가 깊다. 부정적 감정과 결합되기 때문에 합리적이고 이성적인 토론과 대화를 방해하며 상대의 정당성 자체를 부인하기 때문에 고질갈등을 평화적으로 전환하는 일은 매우 까다롭고 어렵다.

보훈의 세 가지 핵심 가치인 '독립', '호국', '민주'에 관해서도 상호 충돌하는 관점과 내러티브가 경쟁하고 충돌하는 남남갈등 현상이 관찰된다. 독립이 대한민국 정체성을 규정하는 핵심 가치라는 것은 누구나 동의하는 사실이지만, 보훈 정책의 시행 과정에서 사회주의나 좌파 계열 독립운동가를 서훈하는 문제에 관해서는 서로 다른 관점이 부딪히며 논란이 거세다.(김주환, 2019: 42-48) 대북 정체성과 연결된 호국의 가치와 관련된 논란도 뜨거운데, 빨치산 토벌이나 6·25전쟁에서의 공로를 인정받아 4선 장군의 지위까지 올랐던 백선엽 장군 사례가 대표적일 것이다. 호국의 가치를 중요시하는 보수 지지자들은 그를 애국자이자 전쟁 영웅으로 추앙하지만, 독립의 가치를 우선시하는 진보주의자들의 관점에서 보면 그는 친일 행적으로 인해 민족의 반역자가 된다. 항일 독립 정신을 우선시하는 민족 정체성과 공산주의에 저항한 자유민주주의 국가로서의 가치를 중심으로 형성된 국가 정체성이 정면으로 충돌하는 사례이다.(김주환, 2015: 59) 마지막으로 민주의 가치 역시 논란의 여지가 많다. 민주가 보훈 이념의 하나로 채택된 것은 1962년 '국가유공자 및 월남귀순자 특별원호법'이 제정되면서였다. 이후 제3공화국 헌법 전문에서 대한민국은 4·19의거 이념에 입각한다는 것이 명문화되며 민주의 가치는 공식적으로 대한민국 국가 정체성의 중요한 개념으로 자리하게 되었다. 하지만, 민주화유공자들을 보훈의 대상으로 정하는 과정에서 호국의 가치와 정면으로 배치되는 사례들이 발생한다. 민주화유공자 중에는, 호국의 가치를 우선시하는 보수의 시각에서 볼 때 이적 단체나 반국가 단체 활동 관련자들이 다수 포함되어 국가보안법 위반자들을 보훈 대상으로 지정하는 모순이 발생한다.(김주환, 2015: 59-63)

2) 남남갈등의 극복과 남북한의 평화적 공존을 위한 시작, 보훈

그렇다면 보훈의 가치를 둘러싸고 나타나는 남남갈등의 문제를 어떻게 극복할 것인가? 국가 공동체의 본질적인 가치를 기억하고 기념하는 것을 통해 국가가 나아가야 할 방향성을 제시하는 보훈의 본질적인 역할을 어떻게 수행해야 할 것인가? 이와 같은 질문에 대한 답을 모색하기 위해 이번 절에서는 갈등전환의 관점에서 남남갈등의 문제를 고찰하고 보훈 정책의 방향성에 대한 함의를 발견해 보고자 한다. 앞서 언급했듯이 남북한 고질갈등 상황에서 파생된 남남갈등을 극복하는 문제는 본질적으로 남북한 고질갈등의 전환과 깊이 연결된다. 고질갈등으로 인해 상대에 대한 적대적 정체성이 강하게 형성된 사회에서 갈등의 상대와 화해하고 전쟁이나 무력적 수단이 아닌 평화로운 방식으로 갈등을 종결하고자 하는 담론은 기존 사회질서와 체제에 혼란을 가져온다는 이유로 억압받거나 또는 이미 사회를 지배하고 있는 갈등문화나 갈등구조와 충돌하며 해당 사회에 또 다른 갈등과 분열을 낳는다.(Bar-Tal, 2019: 232-237) 갈등전환의 과정에서 갈등을 유지하고 재생산하는 메커니즘이 되어 왔던 갈등구조와 갈등문화 그리고 갈등 내러티브가 점진적으로 해체되고 갈등의 평화로운 종결을 지지하는 사상과 문화가 새롭게 등장하여 사회적 인식이 전환되는 시기를 '해동기(unfreezing)'라고 한다.(Bar-Tal, 2019: 229-231) 고질갈등에서 벗어나기 위해 요구되는 적대적 정체성과 내러티브의 해체가 시작되고 갈등의 평화적 전환을 지지하는 담론이 점차 확산되는 단계이다. 남한 사회에서 평화통일 운동이나 민족평화통일사상 등은 1960년대에 이미 등장했지만 엄격한 반공주의가 사회를 지배하던 당시의 분위기와 정부의 억압정책으로 인해 공적 담론을 형성하지 못하고 소수의 지식인 사이에서 제한적으로 논의되었다. 민주화 이후 노태우 정부(1988-1993)나 김영삼 정부(1993-1998)에서 제한적이지만 이전에 비해 개혁적인 대북 정책이 도입되고 남북한 갈등을 평화적으로 종결하고자 하는 담론이 사회에서 합법적인 것으로 받아들여지기 시작하며 남한 사회의 해동기가 시작되었다. 이후 2000년대에 김대중 정부와 노무현 정부에서는 변화된 정책들이 제도화되며 사회의 공식적인 담론과 문화에 본격적인 해동기가 진행되었다.(허지영, 2021: 225-231)

남남갈등은 단일민족으로서의 민족 정체성과 전쟁과 분단을 겪으며 오랜 기간 '적'으로 대치하는 상황에서 형성된 국가 정체성이 충돌하는 독특한 한반도의 역사와 정치적 상황으로 인해 더욱 강화된 측면이 있다. 하지만, 갈등전환 이론의 관점에서 보면 갈등전환기 사회에서 발생하는 보편적인 양극화 현상이기도 하다. 대표적인 고질갈등 사례 중 하나인 북아일랜드에서도 평화프로세스가 진행되는 과정에서 일부 시민들은 평화프로세스에 강하게 저항했다. 따라서 평화프로세스를 이끄는 지도자들은 한때 '적'이었던 상대와 평화협정을 체결하기 위해 정치적 협상을 진행하면서 동시에 평화프로세스에 반대하는 시민들을 설득하기 위한 노력을 계속하며 이중의 어려움을 극복해야 했다.(Rosler, 2019) 북아일랜드 사례를 통해 평화프로세스에 반대하는 국민을 끈질기게 설득하는 과정을 통해 양극화 현상을 극복하는 것은 남북한 간의 성공적인 갈등전환을 위해 반드시 필요한 과정이라는 것을 알 수 있다. 특히 해동기에 평화를 지지하는 사상과 담론의 성공적인 제도화는 갈등 종결의 전제 조건이 되는 매우 중요한 과정이다. 성공적 제도화는 평화협정의 체결과 같은 갈등전환의 결정적 전환점 형성으로 이어질 수 있지만(Bar-Tal, 2019: 236), 다른 한편으로는 기존 갈등문화와 충돌하며 극심한 갈등을 양산하기도 한다. 우리 집단의 생존과 직결된 고질갈등 상황에서 작동하게 되는 방어적 심리 기제로 인해 변화를 두려워하고 현상 유지를 원하는 국민과 새로운 평화 담론과

사상을 지지하는 국민 간에 발생하는 대립과 충돌로 인해 사회
에 양극화가 형성되는 것이다.

　이런 관점에서 보면 남남갈등은 남한 사회에서 남북한 갈등을
평화로운 방법으로 전환하는 과정에서 요구되는 정치적 사회적
그리고 인지적인 변화가 진행되고 있다는 것을 반증하는 측면이
있다. 그렇다면 보훈 정책은 어떻게 보훈의 가치를 둘러싸고 대
립하는 남남갈등 현상을 넘어 국민을 통합하고 남북한 갈등전환
을 위한 인지적 변화에 기여하는 긍정적 방향으로 나아갈 수 있
을 것인가? 우선, 보훈의 가치를 되새기면서 고질갈등의 상황에
서 형성되어 이분법적인 세계관을 바탕으로 하는 갈등 내러티브
를 해체할 필요가 있다. 서로 충돌하는 의견들이 공존하고 경쟁
하는 건전한 토론과 숙의의 민주적인 문화가 정착되려면 '우리'
는 항상 옳고 선하며 우리에 동의하지 않는 사람들을 무조건적
으로 비판하고 적대시하는 이분법적 세계관이 극복되어야 하기
때문이다. '독립', '호국', '민주'라는 가치를 지키기 위해 희생하
고 헌신한 분들을 예우하고 그들의 행동을 기념하는 과정에서도
무조건적인 영웅화나 반대 집단에 충분한 근거 없이 가해지는
비난이나 악마화를 경계해야 한다.

　둘째, 기념비적 역사 서술에서 벗어나 비평적 관점에서 역사

적 사건을 이해하는 방식을 통해 보훈의 가치를 둘러싸고 벌어지는 갈등의 발생을 막고 국가의 본질적인 정체성에 대한 통합적인 내러티브를 만들어 가는 데 공헌하는 보훈 정책이 되어야 할 것이다. 예를 들어 '독립'의 가치를 기리고 기념하기 위해서 '친일'의 행위를 시대적 맥락이나 개인적 상황에 대한 충분한 이해 없이 하나의 '악한 집단'으로 규정하는 기념비적인 역사 내러티브를 경계할 필요가 있다. 물론 잘못된 행위에 대해 사법적 판단을 내리고 책임을 지도록 만드는 일은 분명하고 명확한 기준을 바탕으로 진행되어야 할 것이지만, '친일 대 반일' 또는 '민주 대 독재'와 같은 이분법적 세계관을 바탕으로 한 역사 서술이나 역사 교육은 전형적으로 기념비적인 역사이다. 무엇보다 과거청산이나 보훈의 가치를 되새기는 과정에서 이런 이분법적 방식은 또 다른 갈등을 낳는다. 식민과 분단 그리고 전쟁과 같은 대한민국의 근현대사를 단순한 하나의 원인으로 설명하는 것은 불가능하다. 복잡한 시대상과 정치사회적인 맥락을 고려해야 온전히 이해할 수 있다. 폭력의 가해 집단일지라도 존재 자체를 악마화하고 모든 잘못을 떠넘기는 방식으로는 갈등의 본질을 제대로 파악하고 이해할 수 없으며 갈등의 악순환을 끊을 수도 없다. '호국'이나 '민주'에 공헌한 분들을 예우하는 과정에서도 사회주의나 좌파 사상을 지지했던 사람들의 모든 행위를 범죄시하거나 '민주 대 독재'라는 단순한 도식을 바탕으로 역사를 판단하는 것을 경계할 때 보훈의 가치가 오히려 사회를 분열하는 역기능에서 벗어나 사회 통합에 공헌하는 순기능을 발휘할 수 있을 것이다.

마지막으로, 남북한 고질갈등이 우리 사회에 미친 심리적 영향을 고려하면서 과거를 청산하고 사회를 통합하는 과정은 피해자와 가해자를 모두 포함하는 공동체 차원의 치유로 발전되어야 한다. 정치적 협상을 통해 평화협정이 맺어지고 제도적으로 갈등 종식이 선언될지라도 오랫동안 적으로 대립했던 집단 간 화해와 평화로운 공존이 자연스럽게 이루어지지는 않는다. 따라서 평화협정을 체결하기 위한 정치적인 프로세스도 중요하지만, 평화협정 그 이후 즉, 갈등전환의 과정에서 폭력적 역사를 다루고 다시 폭력적인 방법으로 갈등이 표출되지 않도록 갈등을 관리하는 것이 지속 가능한 평화의 핵심이다. 북아일랜드에서는 평화협정이 체결된 이후 폭력과 테러로 인한 상처를 회복하기 위한 치유 프로그램을 진행하면서 피해자뿐만 아니라 가해자도 대상에 포함했다. 법적 처분을 받은 가해자들도 과거 행동으로 인한 심리적인 상처로 고통받는다. 따라서 공동체를 치유하고 사회를 재건하는 과정은 피해자뿐만 아니라 가해자 그리고 갈등으로 인해 영향을 받은 공동체 구성원 모두를 위한 것이어야 하며, 개인적 치유를 넘어 사회와 공동체 차원의 치유로 접근할 필요가 있다. 유가족이나 피해자에만 국한하지 않고 갈등했던 집단의 다양한 구성원들이 함께 대화하고 공동 활동을 함께하는 것만으로도 서로를 이해하고 함께 살아가는 공동체를 다시 형성하고 공존하는 데 도움이 된다.(최성경, 2019: 30-57)

공동체 차원의 치유를 이루어가기 위해서는 사회 구성원들 간 적대적인 내러티브와 정체성을 재평가하고 재정의하는 '대화 공간(dialogical space)'을 형성할 필요가 있다.(Bentrovato, 2016: 54) 상대 집단과의 대화 공간을 통해 단순한 흑백논리를 바탕으로 구성된 자신들의 내러티브를 비평적으로 성찰하고 과거를 좀 더 복합적이고 사회적인 맥락이 고려된 비평적인 관점에서 바라볼 수 있는 기회를 얻을 수 있다. 2018년 필자는 서울 소재 주요 대학에서 보수우파 청년운동을 이끄는 리더들과 개별 인터뷰를 진행한 적이 있는데, 좌파의 관점을 인용하며 그들이 주장하는 바에 대해 반론을 제기했을 때 가장 흔하게 돌아온 반응은 "그들이(좌파가) 그렇게 얘기해요?"라는 반문이었다. 이는 보수와 진보 또는 우파와 좌파로 보이지 않게 양분된 사회에서 서로 다른 의견들이 건전한 토론의 방식으로 공유되고 전달되는 사회적 학습의 기회가 부재하다는 사실을 잘 보여준다. 또한 태극기 운동에 주기적으로 참여했던 사립대학 동문 모임의 리더는 자녀 세대의 무시로 인해 본인의 생각과 관점을 가족들과는 드러내 놓고 대화한 적이 없다고 밝혔다. 한반도에서 물리적인 전쟁은 오래전에 끝났지만, 장기간의 분단체제를 겪고 있는 우리 사회에는 적과 나를 명확히 구분하며 나의 신념과 의견에 동의하지 않으면 적대시하는 심리가 여전히 자리하고 있어 서로 다른 의견을 공유하고 토론하는 '대화 공간'이 부재하다. 보수와 진보 모두 자신들의 관점과 내러티브의 한계를 인지하고 이분법적 세계관을 넘어 과거에 대해 반성적인 성찰을 바탕으로 균형 잡힌 역사 내러티브와 정체성을 형성하는 것이 갈등전환의 과정에서 이루어질 필요가 있다. 이를 위해서는 '민주'의 본질적 가치를 되살리는 것이 필요할 것이다. 민주주의 원칙을 바탕으로 하는 건전한 토론과 숙의의 문화를 우리 사회에 정착시키는 것이 중요하다. 이분법적 세계관을 넘어 다양한 의견이 공존하고 끊임없이 경합하는 과정을 통해 나의 논리와 관점을 비평적으로 성찰하며 나와 다른 가치관과 생각일지라도 존중하고 함께 살아가는 평화문화를 우리 사회에 정착시키는 과제는 어렵지만 반드시 이루어야 할 과제이다.

위에서 제시한 방안들은 보훈의 가치를 정립하고 보훈 정책을 실행하는 과정에서도 적용될 필요가 있을 것이다. 이분법적 세계관과 내러티브를 경계하여 보훈이 역으로 또 다른 갈등 요인으로 전락하는 것을 막아야 한다. 다시 말해, 보훈의 '독립' 가치가 일본을 적대시하고 친일 행위자를 악마화하는 수단으로 사용되는 것을 경계하고 남북한이 한민족으로서 함께했던 과거에 대한 공통의 정체성을 형성하는 긍정적 방향으로 전환해야 할 것이다. 또한 '호국'의 가치를 기념하고 보훈 대상을 정하는 과정에서 냉전이라는 시대적 맥락을 고려하지 않은 채로 좌파나 사회주의 계열에 동참했던 사람들의 행적을 모두 무시하고 범죄시하는 것을 경계하며 선열들이 생명을 희생하면서까지 지키고자 했던 자유민주주의 가치의 근본을 다시 정립하는 방향으로 나아가야 할 필요가 있다. 이를 통해 타인의 의견과 가치관에 대한 존중, 다양한 관점과 내러티브의 공존, 그리고 건전한 숙의와 토론문화를 우리 사회에 정착시키는 계기로 삼아야 할 것이다. '민주'의 가치를 통해 우리 사회에서 권위주의적 통치를 경계하며 인권과 민주주의 그리고 법치를 존중하는 민주국가로서의 정체성을 다시 확립하고 남한이 권위주의 체제에서 자유민주주의 국가로 성공적으로 전환하였듯이 북한도 변화가 가능한 정치제제라는 것을 인정하고 그런 환경을 만드는 데 도움이 되는 방향을 모색할 필요가 있다. 또한 보훈 제도 역시 공동체 차원의 치유와 화해 과정으로 확장될 필요가 있다. 물론 보훈 정책의 중심은 피해자를 예우하고 보상을 제공하는 것이지만, 이를 초월하여 피해자나 유족들이 폭력이 발생한 과거를 종합적으로 이해하고 가해자를 포용함으로써 피해자와 가해자 사이의 용서와 화해를 도모하며 공동체 치유 과정으로서 보훈이 발전된다면 종합적이고 포용적인 국가정책의 선순환을 시작하는 데 공헌할 수 있을 것이다. 이를 통해 남남갈등을 극복하고 공동체를 치유하는 경험은 정치사회적 조건이 형성되어 남북한 사회가 통합되거나 평화적으로 공존하는 문화를 만들어 가는 과정에서 남북한 간의 적대적 정체성을 해체하고 남북한 공동체를 치유하는 데 귀중한 자산이 될 수 있을 것이다.

4. 나가는 글

남남갈등은 우리 사회의 주된 사회문제이기도 하지만, 다른 한편으로는 남한 사회에서 남북한 갈등을 평화적으로 전환하기 위해 기존의 적대적 대북 정체성과 갈등문화와 갈등 내러티브가 해체되며 갈등의 평화로운 종결을 지지하는 담론이 사회에 확산되는 과정이 진행되고 있다는 것을 보여주는 긍정적인 측면이 있다. 남북한 고질갈등의 전환과 남남갈등의 극복은 한반도에서 또 다른 전쟁의 발발을 막고 평화를 정착시키기 위한 전제조건이다. 남북한 고질갈등의 상황에서 형성된 대한민국 국가 정체성 내러티브들은 혐오나 배제의 극단적인 감정과 결합하여 '우리' 편에 동의하지 않는 집단을 악마화하고 '우리' 편에 대한 건전한 비판을 허용하지 않는 특징을 보이는데, 이러한 이분법적 세계관과 흑백논리에서 벗어날 때 보훈의 독립과 호국 그리고 민주의 세 가지 주요 가치가 상호 배타성을 넘어 공존의 문화를 정착시키는 데 공헌할 수 있을 것이다.

민주 사회에서는 다양한 의견이 건전한 논의를 통해 공존할수 있어야 하며 역사와 정체성 내러티브에 대한 비평적 의견을 자유롭게 제기하고 토론할 수 있어야 한다. 한반도에 평화가 정착되기를 누구보다 바라며 주도적인 역할을 수행해야 하는 남한 정부는 한반도 평화프로세스를 추구하는 과정에서 비평적 역사서술과 역사 교육을 바탕으로 남한 사회에 굳게 자리하고 있는 이분법적 세계관을 해체하고 자유민주주의의 본질적인 특징인 숙의와 건전한 토론을 바탕으로 다양한 관점과 내러티브가 공존할 수 있는 평화문화를 정착시키기 위해 노력해야 한다. 국가 공동체의 본질적인 부분을 결정하는 정체성의 문제와 깊이 관련된 보훈 정책은 과거에 대한 역사적 판단을 바탕으로 국가가 앞으로 나아가야 하는 방향성을 제시하는 중요한 역할을 담당한다. 따라서 보훈 정책이 이분법적 세계관을 바탕으로 하는 기념비적 역사 내러티브가 비평적 역사로 전환되는데 선두적 역할을 담당하며 피해자와 유가족을 위한 정책을 넘어 공동체 전체를 치유하는 과정으로서 확장될 필요가 있다. 이를 통해 보훈이 궁극적으로 남남갈등을 극복하고 남북한 고질갈등의 평화적 전환으로 나아가는 기초를 쌓을 수 있을 것이다.

로컬의 보훈과 기억
: 강릉고등학교 두 추모비 이야기

이동기_ 강원대학교

그들은 공공선을 위해 목숨을 바쳤고,

절대 퇴색하지 않는 숭배와 모든 무덤 가운데

가장 돋보이는 무덤을 스스로 쟁취했습니다.

이들 무덤은 그들이 누워 있는 곳이 아니라

그들의 영광이 영원한 기억으로 남아 있는 곳입니다.

- 페리클레스, 『페리클레스』, 도널드 케이건, 2020, 252-253쪽

1. 강릉 가는 길

"높은 하늘 넓은 들에 뛰노는 용사/ 모교의 명예를 진 우리의 선수/ 장하다 높은 기상 누가 막으랴/ 그 이름도 씩씩한 강고의 건아/ 그 이름도 씩씩한 강고의 건아/ play play play 강고 play play 우리의 선수/ 무적남아 네 기상이 늠름하구나"

2021년 6월 14일 강릉을 비롯해 전국의 강릉고등학교 동문들과 학생들은 응원가를 크게 불렀다. 당일 서울 목동 야구장에서 강릉고등학교 야구선수단은 결승에서 대구고등학교 선수들을 물리치고 황금사자기 우승을 차지했다. 강릉고는 이미 2020년 대통령배 전국고교야구대회에서 사상 첫 우승을 거머쥔 데 이어 올해 첫 전국대회에서 고교 최강의 자리를 다시 차지했다. 코로나19 방역 상황에도 불구하고 6월 말까지 강릉 전역이 들썩거렸다.

야구 우승 관련 축하 현수막들이 나부끼는 강릉고등학교가 자리를 잡은 곳은 경포대 뒤편의 초당마을 소나무 숲속이다. 그 곳은 순두부를 비롯한 맛집 거리로도 유명해 사시사철 관광객들로 붐빈다. 특히 코로나19로 해외여행이 어려워지자 강릉은 대체 여행 장소로 각광을 받았다. 강릉고 주변의 초당 지역은 부푼 관광객들의 수요와 구미에 조응하고자 계속 수술하고 화장한다.

고교 야구의 열기와 초당 관광객들의 들뜸을 뒤로 하고 강릉고등학교 정문에서 안으로 걸어 들어가면 약 50미터쯤 앞 도서관 옆 작은 정원에 두 개의 추모비가 나타난다. 보훈을 주제로 삼는 이 글에서 강릉고등학교를 찾는 이유는 두 개의 서로 다른 의미를 지닌 추모비 때문이다. 강릉고등학교는 교정에서 용기와 인내, 정의와 책임을 배웠던 두 졸업생을 위한 추모 조형물을 세워 기념하고 기억하고 있다. 강릉고등학교 두 추모비는 최근 보훈 논의와 연결되면서 공동체의 기억과 전승에 대해 성찰과 숙고를 자극하고 발전 전망을 예시한다.

근래 보훈교육연구원이 『보훈 문화총서』 시리즈를 발간하며 보훈의 의미와 방향에 관해 새로운 학문적 모색을 활발히 진행하고 있다. 아직 납득하기 어려운 대목이 좀 있지만, 둘은 중요해 보인다. 먼저, 보훈은 시민사회와 연결될 필요가 있다. 보훈은 국가의 권력 과시와 일방적 시혜와 훈육의 관점을 넘어 시민들 또는 시민사회와 상호 작용해야 한다.(전수미, 2020: 200) 이찬

〈사진 1〉 **강릉고등학교 추모비**(사진 왼쪽은 김성수 열사 추모비, 오른쪽은 정경화 소령 추모비)

수 보훈교육연구원 원장은 "희생과 아픔에 대한 인간의 원천적 공감력에 호소하면서 시민사회가 보훈을 자신의 과제로 삼을 수 있는 바탕을 다져야 한다."라고 강조했다.(이찬수, 2020b: 19)

그런데 보훈에서 시민사회의 역할에 과하게 의미를 부여하는 것은 조심스럽다. 보훈은 기본적으로 국가기관의 역할이고 정치의 책무임이 분명하기 때문이다.(이재승, 2020: 96) 다만, 보훈이 정치 공동체를 위해 희생한 이들의 헌신에 보상하고 헌신 행위를 비롯한 그들의 삶과 죽음을 집단적으로 추모하고 기억하는 일이라면 시민들의 일상 세계나 시민사회의 경험공간에 뿌리박혀야 한다. 국가기관의 보훈사업과 활동을 보조하고 동행하고 지지하거나 압박하고 비판하고 견제하는 것은 시민사회의 고유한 역할이다.

둘째, 보훈의 대상과 주제들이 충돌하지 않도록 살펴서 조정해야 한다. 즉, 독립과 호국과 민주주의의 세 보훈 대상들이 서로 배제하거나 경합하거나 적대적이 되지 않도록 각각의 의미와 의의가 구분되어 공존하거나 나름의 연결 고리를 찾아 상승하도록 보조해야 한다.(이찬수, 2020b: 15) 독립과 호국과 민주화운동은 한반도 남단의 근대적인 정치공동체의 형성과 발전, 위기와 갱신 과정에서 각기 고유한 의미와 역할을 수행했다. 특정한 목적을 위해 조작하고 과잉 정치화한 이데올로기의 프리즘으로 보면 그것들은 충돌한다.

하지만 한반도 남단의 정치 공동체 형성과 발전의 복합성을 역사화하면 그것들은 서로 보충할 뿐이다. 보훈 대상들을 정적으로 설정해 저울질하거나 대비시키지 말고 역동적인 역사적 과정이자 복합적 흐름으로 이해해야 한다. 그러니 그 대상들을 섣불리 '화학적으로 결합'(이찬수, 2020a: 38)하기보다는 갈등 방지의 원칙과 방향, 공존의 형식과 방법을 찾는 것이 더 필요하다. 다원주의 사회와 민주주의 정치 공동체의 희생과 영웅 서사, 집단 기억과 기념은 애초부터 단일할 수가 없다. 삶의 경험과 기억의 다원성에서 기인하는 이질적인 희생 서사와 집단기억들을 '화학적으로 결합'하는 것은 오히려 바람직하지 않다. 보훈이 '사회 통합'이나 '국민 화합'을 위해 기여할 수 있으면 해야겠지만 그동안의 정치 악용 역사를 기억한다면 다원성과 자유의 억압을 연상하는 '통합'이니 하는 용어는 자제하는 것이 바람직하다. 외국 사례를 보더라도 보훈은 보상과 기억에 한정하고 과도한 정치적 의미 부여나 활용을 피하는 것이 낫다. 혹시라도 공동체에 의미 있는 정치적 영향을 주게 된다면 그것은 각 보훈 대상과 주제들을 고유하게 살려 실천한 사후적 장기 성과여야 하지 직접적이고 명료한 '통합'적 보훈 행위의 결과가 될 수는 없다. 민주주의와 다원주의 원칙에 맞게 여러 방식의 공동체에 대한 희생과 헌신의 고유한 서사와 기념의 방식을 개방적으로 살리고 그 다원성에 걸맞은 보훈 형식을 찾는 게 중요하다.

시민이 곧 전사이거나 국가가 도시 공동체로 존재하지 않는 한 공동체의 공익에 대한 헌신의 방식과 내용은 애초부터 다원적이고 때로는 경합적일 수밖에 없다. 법철학자 이재승도 민주주의 사회의 '유공자 다원주의'를 옹호했다.(이재승, 2020: 105) 그는 심지어 "한반도 전체에서 이질적이고 심지어 적대적인 정체성들마저 포용할 수 있는 세기의 잣대를 확립"하는 것을 '마지막 도전'으로 불렀다.(이재승, 2020: 135) 다원주의 가치에 맞게 서로 다른 방향의 헌신과 이질적인 희생을 보상하고 추모하고 기억하는 일은 '마지막 도전'이라기보다는 '지속적인 과제'가 될 것이다.

보훈의 그 주요 발전 과제를 숙고하고 방향을 잡기 위해서라도 강릉에 가야 한다. 강릉고등학교 두 추모비는 "보훈이 풀뿌리부터 자발적으로 문화화"(이찬수, 2020b: 17)한 흥미로운 예이기 때문이다. 강릉고등학교 두 추모비는 보훈 과정에서 벌어지는 갈등을 최소화하고 조화시키(이찬수, 2020b: 15; 이찬수, 2020a: 38-46)는 드문 예이기 때문이다. 강릉고등학교 두 추모비는 "지방화

시대에 각 지역의 특성을 반영"하고 "국민들의 합의와 동의에 의해 자발적으로 도출"(형시영, 2020: 96)된 모범이기 때문이다. 강릉고등학교 두 추모비는 "인간의 얼굴을 한 따뜻하고 든든한 보훈"(이찬수 2020a: 12)의 길을 예시하기 때문이다.

2. 6월 21일: 비극의 날들

1) 정경화의 삶과 죽음: 부하를 살리며

하필이면 6월이었다. 강원도 강릉시 소재 강릉고등학교는 6월에 특별한 행사를 치른다. 1962년 개교한 강릉고등학교는 오랫동안 지역의 명문고로 이름을 날렸고 지금도 매우 특별한 지위를 점한다.(강릉고등학교총동창회, 2012) 강릉고등학교 교직원과 학생들은 6월 21일 세상을 일찍 떠난 동문 선배 둘을 기억한다. 3회 졸업생 정경화와 23회 졸업생 김성수는 강릉고를 졸업한 후 서로 다른 삶의 방향으로 걸어갔지만 '공공선을 위해 목숨을 바쳤'다는 점에서 공통점이 있다. 그것으로 둘은 강릉고등학교 학생들에게 '퇴색되지 않은 숭배'와 '영원한 기억'의 대상이 되었다.

6월 21일 강릉고등학교에서는 교장과 교사들이 참석한 가운데 학생들은 나란히 서 있는 두 추모비에 함께 헌화하고 추모의 예와 집단기억의 의식을 치른다. 강릉고등학교가 기억하고 추모하는 둘의 삶과 죽음은 한국 사회의 오랜 두 가치와 지향을 함축한다. 한국 사회 보훈의 두 핵심 가치인 호국과 민주는 강릉고등학교의 두 추모비로 나란히 만나지만, 흔한 경우와는 달리 충돌하거나 경쟁하지 않고 보조하고 상승한다.

정경화는 강원도 삼척군 원덕면 장호리(현재: 삼척시 근덕면 장호리)에서 1948년 4월 24일 아버지 정호영과 어머니 김분남의 2남 2녀 중 막내로 태어났다. 소년 정경화는 인근 장호초등학교를 졸업한 후 집에서 꽤 떨어진 삼척중학교를 오가며 배웠다. 1963년 3월 2일 정경화는 고향에서 좀 떨어진 강릉고등학교에 입학했다. 학업을 위해서였다. 1966년 2월 15일 강릉고는 총 201명의 졸업생을 배출했다. 정경화는 그중 한명이었다. 학창 시절 그는 장교의 삶을 꿈꾸며 공부했다. 부모님을 일찍 여윈 정경화는 홀로 몸을 세워 세상으로 걸어 들어가야 했기에 더욱 마음을 다졌다. 한 해 재수를 한 그는 다음 해 3월 육군사관학교에 입학했다. 그는 강릉고 졸업생으로서는 최초로(강릉고 1년 후배한 명과 함께) 육군사관학교 생도가 되었다.(강릉고총동창회, 2012, 1260) 정경화는 1971년 육사 27기로 졸업과 동시에 소위로 임관해 제27사단에서 소대장과 5공수여단 작전장교(중위)로 근무했다. 1976년 그는 보병 제7사단 5연대 3중대장으로 부임했고 대위로 진급했다. 그곳은 가곡 〈비목〉으로 유명한 백암산이었고 비무장지대 안이었다.

1977년 6월 19일 그 지역에 북한이 땅굴을 파는 소리가 난다는 첩보가 올라와 상급 부대는 수색대를 투입하고자 했고 먼저 시야를 가리는 나무를 베라는 명령을 내렸다. 정경화 중대장은 지뢰 제거를 애초 사단 공병대에게 맡기려고 했으나 여의치 않았다. 정경화 대위는 지뢰 제거 작업을 수행하기로 결단하고 앞장섰다. 그는 고참 병사 위주로 부하들을 지뢰 제거 작업에 투입하고, 지뢰가 발견되면 전투식량인 시레이션 깡통으로 덮어두도록 하고 나서 자신이 직접 대검으로 지뢰를 제거했다. 순탄히 진행되던 지뢰 제거 작업은 3일째 비극을 맞았다.

6월 21일 10시 3중대는 다시 지뢰 제거 작업에 나섰다. 지뢰를 발견했다는 소식을 들은 정경화 대위는 그날도 직접 지뢰 제거 작업을 맡았다. 그러나 지뢰의 안전핀이 부러졌다. 한국전쟁 때 설치한 지뢰여서 안전핀이 부식되어 쉽게 부러졌던 것으로 보인다. 절체절명의 위험이 닥쳤다. 정경화 대위는 주변에 웅크리고 있던 중대원들을 향해 "모두 피하라."라고 외치며 제 몸으로 지뢰를 덮쳐 부하들의 희생을 막았다. 그는 의식을 잃었고 부상은 심했다.(정문식, 2003: 70-71; 전순석, 2014)

부상을 피한 중대원들은 급히 구급차를 요청했고 정경화 대위를 비롯한 부상병들을 챙겼다. 가까스로 정신을 차린 정경화 대위는 "걸을 수 있다. 나는 아직 괜찮다. 나는 군인이다."라고 말하며 들것을 거부하고 일어나려다 쓰러져 후송되었다. 그는 후송 도중 눈을 감았다. 서울 동작동 국립묘지 55구역 2733번 묘지가 그가 영원히 '누워 있는 곳'이 되었다. 정경화 대위가 지뢰 제거 작업을 시작하면서 남긴 말만 그의 기개와 용기와 함께 부하들의 가슴에 깊이 남았다.

우린 이 지형을 누구보다 잘 알고 있다. 사단 공병들에게 맡겨서 사고가 나느니 우리가 맡아서 하기로 했다. 그 선봉에 내가 설 것이다. 너희들은 부모 형제와 더 나아가 가족들이 있지만 난 아직 미혼이고 따르는 가족이 없다. 사고가 나더라도 내가 책임질 테니 제거 작업에는 내가 앞장선다.(전순석, 2014)

2) 김성수의 삶과 죽음: 민주화의 길에서

하필이면 다시 6월이었고, 날짜도 21일이었다. 1986년 6월 21일 부산 송도 앞바다에서 강릉고 출신 서울대학교 학생 김성수의 시신이 발견되었다. 정경화 대위의 죽음과는 달리 죽음의 이유가 명료하지 않았다. 아니, 은폐되었다! 1970~1980년대 독재정권 아래에서 발생한 이른바 '의문사'의 하나로 죽음, 아니 살해 과정이 아직도 완전히 밝혀지지 않았다. 강릉 출신 김성수와는 인연이 전혀 없는 부산 앞바다에서 시멘트 덩이를 매단 채 주검으로 발견된 그 사건은 당시뿐만 아니라 지금도 여전히 소름이 끼치게 만든다.[*]

김성수는 아버지 김종욱과 어머니 전영희 사이에서 1968년 4월 15일 강원도 태백에서 태어났다. 부모는 아들의 교육을 위해 강릉으로 이사했다. 기대에 부응해 김성수는 성실했고, 차분하며 진지했다. 1986년 2월 11일 강릉고등학교는 23회 졸업생 702

---

[*] 이하 김성수의 삶과 죽음에 대한 내용은 김성수 열사기념사업회 소장 자료집 파일과 기념사업회 공식 홈페이지 http://www.sungsoo.or.kr/smain.html(2021년 9월 2일)을 참조했다.

명을 배출했다. 김성수는 그중 한 명으로 그해 3월 서울대학교 사회과학대 지리학과에 입학했다. 그는 영화광이었기에 다른 궁리가 없지 않았지만 서울대 진학을 포기할 수는 없었다.

　1986년 한국의 정치 상황은 매우 혼미했다. 전두환 군사정권이 정치 억압을 강화했기 때문이다. 반독재 민주화운동의 강력한 거점이었던 대학 캠퍼스들은 1985년 겨울부터 1986년 내내 전경의 군홧발에 짓밟혔다. 특히 서울대학교는 1986년 3월 초 총학생회를 구성하기 위한 선거 유세나 학생 집회가 제대로 열리지 못할 만큼 정부의 탄압을 심하게 받았다. 당시 서울대학교 교정은 최루탄 가스 냄새가 짙게 배어 있었다. 모두들 분노와 공포로 몸서리치는 시절이었다. 고학년 학생운동 지도자들뿐 아니라 저학년 열혈 투사들의 다수도 이미 교도소에 수감되었거나 수배를 받아 도피 중이었다. 김성수는 그런 엄혹한 상황에도 불구하고 총학생회 연극반에 가입하고 학과의 학회 모임에 참석해 '사회과학 공부'를 통해 민주주의를 학습했다. 아직 1학년이었지만 김성수는 두려움을 떨치고 집회와 시위에 참여해 민주주의를 실천했다. 그 과정에서 김성수는 경찰에 두 번 연행되어 훈방되기도 했다.

　서울대학교 학생 김세진과 이재오, 이동수 등은 4월 말부터 5

월 중순 연이어 분신으로 독재에 항거했다. 김성수도 5월과 6월 시위와 모임에 참석하느라 바빴다. 물론, 학기말이 다가와 기말 시험 준비를 피할 수는 없었다. 그런데 김성수는 6월 18일 자취방으로 걸려 온 의문의 전화를 받고 집을 급히 나간 후 행방불명되었다. 자취방에서 운동복 차림으로 나간 김성수는 그 3일 후인 6월 21일 부산 송도 방파제 앞 수심 7미터 지점의 바위틈에서 콘크리트 철근에 몸이 묶인 채 수장된 상태로 발견되었다.* 해녀가 우연히 발견하지 않았더라면 영원히 알려지지 않았을 수도 있다.

6월 22일 경찰에 의해 인양되었고 조사가 이루어졌지만 부실수사였다. 정확히 말하면, 경찰은 의도적으로 진상을 은폐했다. 경찰은 김성수의 죽음을 성적 불량에 의한 비관 자살로 처리했다. 1학년 1학기의 성적은 아직 확인할 수 없는 상태였기에 경찰의 발표는 누가 보아도 엉터리였다. 자살로 볼 수 없는 사실이 당시 이미 충분히 드러났음에도 불구하고 경찰은 그것을 묻었

---

* 2021년 7월 21일과 28일, 30일 뉴스타파는 세 차례에 걸쳐 김성수 열사의 의문사를 상세히 다루었다. 그 동안 잘 알려지지 않았거나 부정확한 사실들과 사건 발생 당시 경찰 조사의 문제점 및 의문사의 현재적 의미를 잘 밝혔다. 1편 침묵의 계보: https://newstapa.org/article/AS9Ig, 2편은 모두가 권력의 사람들: https://newstapa.org/article/6f0MZ, 3편은 지금 여기의 의문사: https://newstapa.org/article/-7gst(2021년 8월 18일)

다. 다행히도 사건 발생 초기부터 유가족과 동문들, 학과 동료와 선후배들은 끈질기게 항의했다. 진실을 규명하기 위한 처절한 싸움이 십수 년간 이어졌다. 국가 폭력의 경우 폭력 살해 행위가 제1의 역사라면, 진실 규명은 그 자체로 제2의 역사다. 김성수의 유가족과 친구들 및 동문들은 그 힘겨운 제2의 역사를 만들었다. 아울러 그것은 전국 단위에서 지속된 의문사 진상 규명 투쟁의 큰 흐름 속에서 진행되었다. 그것 또한 민주화운동의 또 다른 동력이자 과정이었다.

마침내 사건 발생 16년이 지난 2002년 대통령 직속 의문사진상규명위원회는 여러 정황을 종합해 김성수의 사망을 공권력에 의한 타살로 결론 내렸다. 사건 발견 당시 안기부가 조사 과정에 개입하며 방해한 점과 두부에 정교하게 가격당한 타살 흔적 그리고 무엇보다 당시 유사한 방식으로 공안 기관이 학생운동가들을 유인하고 협박하며 폭력 살해한 일들이 빈번한 정황 등은 김성수 사건의 경우도 공권력에 의한 살해로 인정하기에 충분했다. 하지만 정확한 진상은 아직도 알 수 없다. 우리는 밝혀지지 않은 김성수의 살인자들과 사건의 은폐자들과 함께 살고 있을 뿐이다.

3. 추모와 기억의 두 길

둘의 추모와 기억은 방식과 과정이 상당히 달랐다. 정경화의 추모와 기억도 처음부터 순조롭지는 않았지만, 김성수의 추모와 기억은 그 자체로 또 다른 정치투쟁이자 사회운동이었다. 그 것은 한국 정치와 사회가 주조한 오랜 가치의 불균형과 규범의 비대칭 때문이다. 추모와 기억의 주체들은 고유한 진정성과 강고한 결기를 유지해 의미 있는 성과를 낳았다. 정경화와 김성수의 삶과 죽음을 각기 붙들고 그 의미를 정치 공동체에 알리려 했던 사람들은 보훈의 핵심 과제 중 하나인 추모를 통한 선양과 기억을 통한 전승에 크게 기여했다. 사회적 기억화 노력의 방식과 곡절은 너무도 달랐지만 둘 모두 아래로부터의 자발적인 흐름이 결정적이었었다는 점에서 공통점이 있다. 그 과정에서 그 둘의 성과는 기묘하게 만났다.

먼저, 정경화 대위의 부하 중대원들은 사건 직후부터 그들의 중대장을 모범적으로 기렸다. 그들은 수십 년 동안 정경화 중대장을 추모하고 기억하기 위해 애썼다. 사건 당시 일병으로 정경화 대위를 흠모했던 정문식을 비롯한 부하 중대원들 22명은 백암산패밀리(초기 이름은 맹호회)라는 모임을 만들었고 지금도 모임을 잇는다.(정문식, 2003)* 그들은 보병 제7사단과 육사27기 동기회의 협력을 얻어 순직 현장 인근에 정경화의 순직비를 건립했고, 1988년 12월 18일 정경화 대위의 이름을 딴 경화공원을 조성했다.

특히 그들은 한동안 정경화 대위의 죽음이 사고로 발생한 단순 순직으로 잘못 기재돼 있는 것을 발견하고 사고 재조사를 요구해 부하를 위해 목숨을 던진 중대장의 살신성인 정신을 세상에 드러냈다. 그들은 중대장 순직 15년 만인 1992년 9월 5일에 정경화가 소령으로 일 계급 특진하도록 하는 데 결정적으로 기여했다. 백암산패밀리는 1991년 10월 22일 중대장 동상 앞에서 성대한 추서 진급식을 거행했고, 그 후 강릉고 총동창회에 정경화 소령의 추모를 함께하기를 요청했다. 강릉고 총동창회는 2005년 6월 21일부터 집행부를 파견해 경화공원에서 진행되는 정경화 소령의 추모에 함께하고 있으며 그것에 필요한 경비를 일부 부담하고 있다.(강릉고등학교총동창회, 2012: 1346, 1575-1576, 정연범 인터뷰)

---

* 정경화 소령을 추모하고 기억하는 백암산패밀리의 활동은 http://www.basfamily.co.kr/(2021년 8월 18일)을 참조하라.

군이나 국가기관이 아니라 부대원이라는 인연으로 맺어졌지만 사실상 민간인에 다름없는 백암산패밀리가 앞장서 정경화의 기억과 추모 사업에 나선 점은 매우 특별하다. 백암산패밀리의 그런 헌신과 결기는 강릉고 총동창회에게도 큰 인상을 남겼다.(정연범 인터뷰) 강릉고 총동창회도 그동안 자칫하면 잊히거나 가볍게 넘길 뻔한 한 동문의 의로운 죽음을 기리기 위해 추모 사업에 적극 나섰다. 강릉고 총동창회가 정경화 소령 추모 활동에 참여하면서 강릉고등학교도 점차 정경화 소령을 제 역사의 자랑스러운 일부로 여기기 시작했다. 2007년 6월 21일 강릉고 교장과 교사 및 학생들 40여 명이 경화공원의 정경화 추모식에 처음으로 참석했다.(강릉고등학교총동창회, 2012: 345) 그 후 최근까지 강릉고 교사들과 학생 대표들은 정기적으로 추모식에 참석했다. 학생들에게 그것은 "산교육"의 경험이 될 수 있었다.(정연범 인터뷰, 최종선, 김민숙 인터뷰) 경화공원에서 열리는 추모식 준비와 주도를 놓고 한때 군과 백암산패밀리 사이에 이견과 마찰이 있기도 했지만, 그들 외에도 강릉고 총동창회 대표들과 육사 27기 동기회 회원 등 5백 명 이상의 사람들이 참여해 성황을 이루기도 했다.

다만 군이 주도하는 행사여서 형식이나 분위기가 고등학생들의 정서에 조응할지를 놓고 평가는 갈린다. 강릉고총동창회와 강릉고등학교는 학교 바깥에서 진행되는 추모식에 학생들이 참여하기를 원하지만 동시에 신중하게 접근할 수밖에 없음도 잘 안다. 그들은 학생들이 멀리 화천 전방의 경화공원까지 가서 추모하는 일이 강제나 의무여서는 안 된다는 점에 이견이 없다.(정연범 인터뷰, 최종선, 김민숙 인터뷰) 의로운 동문의 죽음을 기리는 군 행사를 학생들이 체험할 수 있는 기회로 열어 두되 실제 참여 여부는 학생들의 자율적인 판단에 맡기도록 해야 한다는 것이다. 오히려 더 중요한 것은 학교에서 추모하고 교육을 통해 기억을 확산하고 공유하는 것이었다. 강릉고 교사 김민숙은 2018년 최종선 교장의 후원 아래 '통일평화교육'의 일환으로 학생들과 함께 '경화솔숲길'을 따로 만들어 가꾸었다. 추모비 근처의 솔길을 따로 성찰과 기억의 산책로로 가꾼 것이다. 그것은 총동창회의 요청에 따른 것이 아니라 학교 교사와 학생들의 자발적인 의지와 구상이 낳은 결과였다.(최종선, 김민숙 인터뷰)

덧붙여, 고 정경화 소령은 2019년 올해 자랑스러운 육사인상 수상자로 지정되어 육군사관학교에서도 특별한 기억의 대상으로 추대되었다.* 강릉고 총동창회는 그 행사에도 참여해 의로운 동문의 명예로운 자리를 함께 축하했다. 강릉고 총동창회에게 그것은 매우 의미 있고 자랑스런 자리였다.(정연범 인터뷰) 정경화 소령은 단순히 국립묘지에 안장된 것을 넘어 부하들로부터 시작해 군부대와 고등학교총동창회 그리고 무엇보다 청소년기

〈사진 2〉 정경화 소령 추모비

*   https://kookbang.dema.mil.kr/newsWeb/20190503/1/BBSMSTR_00000
    010023/view.do(2021년 8월 28일)

와 청년기를 보낸 마지막 두 모교에서 기억과 추모의 대상으로 완전히 자리를 잡았다.

반면, 김성수 열사의 추모와 기억은 진상 규명이라는 어려운 과제를 안고 시작되었다. 정황과 증거를 보건대 국가기관에 의한 살해와 은폐가 명백했다. 그럼에도 불구하고 진실을 정확히 알려 주는 증인은 아직도 나타나지 않았다. 그렇기에 김성수 열사의 추모와 기억은 국가기관의 공식 조사 요구와 국가 폭력 희생자로서의 승인을 획득하기 위한 오랜 투쟁의 역사였다. 그것은 1970년대와 1980년대에 발생한 수많은 의문사들의 진실 규명과 과거사 정리를 요구하는 전국 단위 사회운동과 함께 이루어졌다.*

김성수 열사의 부모 김종욱과 전영희는 아들의 죽음 진상을 밝히는 노력을 쉬지 않았다. 김성수 열사의 친구들과 몇몇 강릉고 동문들 외에도 지역 대학, 즉 강릉대학교와 관동대학교의 민주화운동 참여자들도 김성수 열사 추모와 진상 규명 사업에 참

---

* 1970년대와 1980년대 민주화운동 과정에서 목숨을 던졌거나 국가권력에 의해 살해된 사람들에 대해서는 민족민주열사 · 희생자 추모(기념)단체 연대회의 홈사이트(http://www.yolsa.org/v4/index.php)를 참조하라.

여했다. 점차 김성수 열사 추모와 진상 규명 사업은 강릉 지역의 민주화운동에서 구심점이 되며 특별한 의미를 지니게 되었다.(이요한 인터뷰, 홍진선 인터뷰, 최승룡 인터뷰, 권대동 인터뷰) 거기에는 김성수 열사 부모의 헌신과 포용이 중요한 역할을 했다. 강릉에서 김성수 열사 추모와 진상 규명에 나선 이들은 그것을 지역 차원의 민주화운동 발전 동력으로 삼았다. 그들은 1990년대 내내 전국 단위의 의문사진상규명운동의 흐름에 조응해 과거사 정리가 민주주의의 핵심 과제임을 지역사회에 널리 알렸다. 김성수 열사기념사업회는 강릉 지역의 다양한 민주 단체와 진보 세력의 교차로 같은 기능을 했다. 이를테면, 2001년 김성수 열사 15주기추모제는 강릉경포해변의 해수욕장 입구인 해변무대에서 열렸다. 김성수 열사의 죽음을 더 많이 알리고자 하는 시도였다. 그때 행사 주관에 참가하거나 지원한 단체는 16개에 달했다. 민주노총과 민예총, 전교조와 경실련 등의 강릉 지부들, 강릉청년회와 생명의 숲, 강릉대 새내기 문예단 등 지역의 민주화운동 단체가 망라되었다.(김성수 열사기념사업회 자료집) 심지어 김성수 열사 추모 사업에 나선 이들과 강릉 지역의 민주 단체들은 1998년 12월 강릉인권영화제를 함께 조직해 김성수 열사 죽음의 의미를 인권 규범 확산으로 연결시키고자 노력했다.

2001년 3월 25일 김성수 열사기념사업회가 결성되었다. 김성수 열사 부모와 함께 김성수 열사의 죽음의 의미를 알리고자 했던 이들은 김성수 열사 추모와 진상 규명을 지역 민주화운동과 결합하며 활동을 확대하고 결속력을 높였다. 그들은 새해 도배식(합동세배)과 어버이날 행사와 송년회 등을 열어 김성수 부모와의 만남을 정례화했다. 모임은 2019년 3월 9일 사단법인 김성수 열사기념사업회로 확대 개편되었다.(김성수 열사기념사업회 자료집) 숱한 의문사들이 발생했고 그 민주 열사들을 추모하고 기억하는 활동 단위나 모임들이 많지만 이토록 내적 결속력이 강하고 지역사회에 뿌리를 내린 경우는 흔치 않다.

2021년 6월 19일 오전 8시 강릉고등학교 김성수 열사 추모비와 낮 12시 마석 모란공원 민족민주열사 묘역 김성수 열사 묘비 앞에서 김성수 열사 35주기 추모제가 연이어 열렸다. 김성수열사기념사업회와 서울대학교 민주동창회 외에도 이번에는 강원민주재단이 공동 주최 기관으로 이름을 올렸다.(김성수 열사기념사업회 자료파일 참조) 김성수 열사 추모비는 이제 강릉을 넘어 강원 지역 차원에서도 민주화운동 역사의 '기억의 장소'가 되었다. 1980년대 민주화운동을 이끌거나 경험한 세대만이 아니라 지역의 청년들이 꾸준히 김성수 열사의 추모와 기억 사업에 참여하

고 있다는 점도 매우 의미 있는 사회적 기억의 성과다.(홍진선 인터뷰, 이요한 인터뷰)

한편, 김성수의 부모는 2001년 12월 17일 민주화운동 관련자 명예회복 및 보상심의위원회에 보상금과 생활지원금의 지급을 신청했다. 민주화운동보상심의위는 2006년 7월 31일 '민주화보상법'(민주화운동 관련자 명예회복 및 보상 등에 관한 법률: 2000년 1월 12일 법률 제6123호로 제정되고 2015년 5월 18일 법률 제13289호로 개정)에 의거해 김성수를 민주화운동과 관련해 사망한 민주화운동 관련자로 인정했고, 피고인 국가는 2006년 11월 20일 김성수 열사 유가족에게 일정액의 보상금을 지급했다. 2018년 8월 30일 헌법재판소는 민주화보상법 제18조 제2항인 화해간주조항이 민주화운동 관련자와 유족의 국가배상청구권을 침해한다는 이유로 헌법에 위배된다고 선고했다. 김성수의 부모와 가족은 국가를 피고로 정신적 손해 부분에 대해 손해배상을 청구하는 민사재판을 통해 2020년 12월 16일 국가로부터 배상금을 지급해야 한다는 주문을 얻어 냈다. 여전히 김성수의 살인 과정에 대해서는 진상이 알려지지 않았지만 피해에 대한 국가 배상 주문과 민주화운동에 대한 보상 판결은 김성수 열사의 추모와 기억을 위해 헌신한 또 다른 '의로운 이'들에게는 작지 않은 위로가 되었다. 그것은 김성수 열사의 의로운 삶과 안타까운 죽음에 대한 공동체 구성원들의 공적 인정을 넘어 사실상 그동안 김성수 열사의 유가족과 기념사업회가 진행한 지난한 진실 규명과 추모 노력에 대한 사회적 위로와 공동체 차원의 연대 표시이기도 하기 때문이다. 철벽같은 국가는 보상과 배상을 통해 비로소 그렇게 말을 한 셈이다.

4. 두 추모비 공동 건립과 기억의 확산

1) 발의에서 건립까지

1980년대와 1990년대 그리고 심지어 2000년대 전반까지도 강릉고 학생들이 정경화 소령 이야기를 접할 기회는 거의 없었다.(정연범 인터뷰, 홍진선 인터뷰) 마찬가지로 김성수 열사 사후 강릉고 학생들이 그의 삶과 죽음을 제대로 접할 기회도 많지 않았다. 김성수 열사를 개인적으로 기억하거나 그 죽음의 의미를 알고 있는 일부 교사들이 그에 대해 알려 주는 경우는 있었지만 예외에 불과했다.(권대동 인터뷰) 물론, 학생들과는 달리 강릉고 교사들이나 동문들에게 김성수 열사는 정경화 소령보다는 좀 더 많이 알려져 있었다. 김성수 열사의 죽음은 사건 당시부터 언론 보도가 적지 않았기 때문이다.

하지만 한국 정치, 즉 국가기관이나 권력을 행사하는 정치 엘리트들이 민주화운동과 그 공로자를 인정한다고 공표해도 지역과 삶의 현장에서 그들을 실제 공적으로 추모하고 기억하기는 쉽지 않다. 1987년 1월 중순 독재정권으로부터 고문 살인을 당해 그해 6월 반독재 저항운동의 물꼬를 튼 박종철 열사의 추모와 기억도 상당 기간 동안 마찬가지였다. 박종철 열사의 경우, 전국 차원에서 알려져 있었고 민주화운동의 역사에서도 그 의미가 크게 인정받았지만 정작 모교인 부산 혜광고등학교에 추모비가 세워지는 데에는 상당한 시간 동안 갈등이 있었다.* 그렇기에 정치

---

* 박종철의 혜광고등학교 28회 졸업생 동기들은 이미 1992년부터 모교에 박종철의 흉상을 세우자는 하는 의견을 가졌지만 여건이 마땅하지 않았고, 학교도 반대했다. 2003년 28회 동기회 발족 20주년을 맞아 박종철의 동기들과 후배들은 연일 학교 앞에서 추모비 건립을 위해 시위를 벌였고, 총동창회도 추모비 건립을 강력히 지지했다. 결국 시위와 압박 10여일 만에 학교는 손을 들었다. 1년 뒤인 2004년 5월 18일 혜광고등학교 교정에는 '혜광고등학교 총동창회'의 이름으로 박종철 추모비가 건립되었다. 이 과정에 대해서는 다음을 참조하라. http://www.nocutnews.co.kr/news/4910142(2021년 9월 2일)

적으로 보수적인 강릉 지역에서 독재정권의 희생자이자 민주화 운동의 공로자를 공적 장소에서 기억하기는 쉽지 않아 보였다.

산 자를 대표해서 죽은 자의 부모가 다시 나섰다. 김성수 열사의 부모는 강릉고등학교에 가까운 곳에 살고 있어, 오랜전부터 강릉고등학교 교정에 자식을 기억하는 작은 조형물을 두고 싶어 했다. 특히 2006년 민주화운동보상심의회에서 김성수 열사가 민주화운동 관련 희생자로 인정된 후 그들은 사건의 진상 규명 노력과는 별도로 강릉고등학교에 김성수 열사 추모비를 세웠으면 하는 생각을 주변에 꾸준히 전했다.(홍진선 인터뷰) 김성수 열사기념사업회의 핵심 인물들은 강릉고등학교와 강릉고등학교 동창회에 탐문했지만 여의치 않아 보였다.

여기서 매우 흥미로운 점은 앞에서 보았듯이 같은 시기에 정경화 소령에 대한 추모와 기억화가 강릉고등학교와 강릉고 총동창회에서 서서히 자리를 잡아 가고 있었다는 것이다. 2006년이면 이미 강릉고 총동창회가 정경화 소령에 대한 관심과 기억화 작업에 참여하기 시작했던 때이다. 이제 또 다른 사연을 안고 있는 동문의 죽음을 기리는 과제가 던져졌다. 김성수 열사는 국가기관의 국가 폭력 희생과 민주화 공헌 인정의 대상이었지만 모교에 추념비를 세우는 일은 학교와 동창회 등의 동의가 없이는 쉽지 않은 과제였다.

초기에는 총동창회에서 김성수 열사 추모비를 세우는 데 선뜻 긍정적이지 않았다. 그러던 중 한국 사회와 교육의 민주화 흐름을 타고 강원도교육청에 중요한 변화가 생겼다. 2010년 6월 2일 지방선거에서 진보적인 교사 출신인 민병희가 강원도교육감으로 당선되어 강원도 교육계에 새로운 흐름이 만들어졌다. 민병희 교육감은 학교에서도 민주주의 문화가 정착되도록 심혈을 기울였기에 개별 학교에서 새롭게 의미 있는 변화가 생겨나도록 행정을 통해 독려하고 지원했다. 2011년 3월에서 2014년 5월 사이에 강릉고 교장을 역임한 허병주와 오영동은 강릉고의 혁신을 이끌며 김성수 열사 추모비 건립에 대해서도 긍정적 관심을 가졌다. 두 교장은 균형 잡힌 식견과 감화를 낳는 인품으로 김성수 열사기념사업회와 총동창회 모두에게 신뢰와 존경을 받았다. 두 교장은 신중하지만 소신을 갖고 김성수 열사 추모비 건립을 타진하고 설득했다. 게다가 마침 강릉고등학교에서 교사로 근무하던 권대동은 김성수의 고등학교 친구이자 교육 민주화에도 큰 관심을 가졌기에 모교에 김성수 열사 추모비를 세우는 데 누구보다 앞장섰다. 강릉고등학교의 오영동 교장과 교사 권대동은 총동문회 측과 추모비 건립을 놓고 수차례 의견을 교환했다.

권대동은 총동창회장과 직접 전화 통화하여 김성수 열사 추모비 건립을 건의했다.(권대동 인터뷰)

소통과 논의에 약간의 시간이 걸렸지만 곧 '묘안'이 등장했다. 정경화 소령과 김성수 열사의 추모 조형물을 강릉고등학교 교정에 함께 세우는 방안이었다. 이미 정경화 소령 추모에 나서고 있던 총동창회 측의 중재안이었다. 그 제안을 받았을 때 김성수 열사 부모와 기념사업회 운영위원들은 좌고우면할 것 없이 적극 환영했다. 그들에게는 정경화 소령의 죽음도 충분히 기억할 필요가 있는 의미 있는 일임에 분명했다. 그들은 공동체를 위해 헌신했다는 점에서 김성수 열사와 정경화 소령은 같은 의미를 지녔다고 여겼다.(권대동 인터뷰, 홍진선 인터뷰) 애초 김성수 열사 추모비를 건립하려던 움직임이 점차 정경화와 김성수 두 동문의 추모비를 함께 세우는 안으로 의견이 모아졌다.

강릉고 총동창회 또는 동문들 일부가 보인 초기의 주저와 동요는 가라앉았다. 그것은 한국 사회 민주화의 결과이기도 하지만 이렇게 된 데는 김성수 열사기념사업회와 함께 보조를 맞추어 동문들을 설득한 중재자들의 역할이 컸다. 특히 당시 박용언 강릉고 총동창회장은 너른 포용과 지혜로운 조정의 역할을 발휘했다. 박용언 회장은 여러 측면에서 강릉고 동창회 발전의 새로운 전기를 세우면서 동창회의 여러 숙원과 요구를 전향적으로 모으고 받아들였다. 그는 김성수 열사 추모비 건립에 긍정적인 반응을 보였지만 그것만 세우기보다는 정경화 소령 추모비와 함께 세우는 것이 여러모로 더욱 의미가 있고 수용 가능할 것이라고 보았다. 박용언 회장를 비롯한 총동창회 지도부의 슬기로운 조정 과정과 중재안의 등장은 상황을 수월하게 만들었다. 김성수 열사기념사업회는 그 안을 흔쾌히 받아들여 공동 건립의 길로 들어섰다. 인터뷰에 응한 이들은 모두 '그가 없었다면 아마 두 추모비가 탄생하지 못했'을 것이라고 박용언 회장의 역할을 높이 평가했다.(정연범 인터뷰, 권대동 인터뷰, 최종선 인터뷰, 홍진선 인터뷰)

2014년 5월 총동창회는 정경화 소령 추모비를, 김성수 열사기념사업회는 김성수 열사 추모비를 각각 세우기로 했다. 이미 오래전부터 추모비를 갈망했던 김성수 열사기념사업회의 권대동과 홍진선 등은 직접 여러 곳을 돌아다니며 추모비를 정성 들여 준비했다. 2014년 5월 3일 토요일 마침내 김성수 열사기념사업회는 김성수 열사 추모비 제막식을 열었다. 비석의 추모 문구는 김성수 열사의 동기인 권대동이 마련했다. 권대동은, 오래 장기수로 지내며 탁월한 글을 발표해 유명한 성공회대 신영복 교수에게서 글자를 받아 와 추모비를 빛내고자 마지막까지 노력했다. 김성수 열사 추모비 건립식에는 유가족과 강릉고 23기 동기회 대표들 외에도 서울대 지리학과 동창회 회원들을 비롯해 서울대 총연극회 출신 동문들과 강릉 지역 민주 단체 회원들이 많이 참석해 죽은 자의 영혼을 위로했다. 건립식에는 박용언 총동창회장도 참석해 축하 인사말을 전했다. 그것은 그동안 김성

〈사진 3〉 김성수 열사 추모비

수 열사 추모와 기억을 위해 노력했던 모두에게 큰 격려가 되었다.(권대동 인터뷰) 그 일주일 뒤에 총동창회의 준비로 정경화 소령 추모비도 건립되었다. 크기의 문제로 정경화 소령의 추모 비석이 한 차례 교체되는 우여곡절이 있었지만, 곧 비슷한 크기의 두 추모비가 어깨를 나란히 하고 보기 좋게 자리를 잡았다. 특정 세력의 일방적 요구나 권력을 통한 압박이 아니라 여러 견해를 조정하고 묘안을 숙고하고 창안한 합의였기에 더욱 빛났다. 두 가지 서로 다른 기념과 기억이 조화롭게 만난 것이라 추모비는 더욱 묵중했다.

2) 기억의 확산과 상호작용

정경화 소령 추모비 전면에는 다음과 같은 문구가 적혀 있다. "고 정경화 소령은 1977년 6월 21일 비무장지대 지뢰 제거 작전 중 자신을 던져 중대원들을 구하고 숭고하게 산화하였다. 이 살신성인의 위대한 정신은 우리의 가슴속에 영원히 기억될 것이다. 바람이여! 강물이여! 강고인의 영혼이여!" 반면, 김성수 열사추모비 전면에는 '민주열사 김성수 추모비'라는 이름 위에 '민주의 이름으로 우리 가슴에 영원히 살리라.'고 적혀 있다.

비무장지대의 위기 상황에서 몸을 던져 부하들을 살린 행위와 민주화운동 과정에서 국가 폭력에 의해 살해된 죽음은 직접 조응하거나 곧바로 연결되지는 않는다. 하나는 국가가 요구하는 직무를 수행하며 부하들을 살리며 산화한 경우이고, 다른 하나는 국가의 잘못을 시정하려다 국가에 의해 살해된 사건이기 때문이다. 이때 특정 죽음을 과잉 정치화하거나 일면적으로 이데올로기화하면 다른 죽음의 의미는 묻히거나 왜곡될 수 있다. 하지만 타인의 생명을 구하거나 공동체 삶의 기본 조건을 개선하면서 몸을 바친 점에서 두 죽음은 만난다. '공공선'을 위해 헌신했다는 점에서 소령과 열사는 공동체 구성원 모두에게 경의와 숭고한 감정을 불러일으킨다.

물론, 건립 논의 과정과 건립 후 초기에 강릉고 동문들 중 일부 연장자 세대들은 김성수 열사 추모비에 대해 거부감이 없지 않았던 것으로 보인다. 민주화운동가들을 여전히 '빨갱이'로 부르는 관성에서 자유롭지 못한 이들도 없지 않았다. 하지만 박용언 회장을 비롯해 강릉고 총동창회의 주요 책임자들은 '다 우리 동문들'이라며 포용력을 발휘했다. '동문들 개인적으로는 호불호가 갈리긴 하겠지만 전체 동문 차원에서는 두 사람을 기억하고 추모하는 일은 우리 동문으로서 다 의미있는 일'로 받아들였다.(정연범 인터뷰, 홍진선 인터뷰) 특히 총동창회는 2015년부터 동문체육대회 때 두 추모비 앞에서 추모와 기억의 의식을 갖추기 시작했다. 당시 총동창회 사무총장을 맡아 추모 행사를 진행했던 정연범은 동문체육대회 행사 때 상석에 김성수 부모를 모셔 참석 동문들에게 소개하며, 억울하게 죽은 자식을 가슴에 묻은 부모에 대한 예를 정중히 갖추는 시간을 만들었다. 김성수 열사 부모와 김성수 열사기념사업회 회원들은 그것에 대해 깊은 고마움을 표했다.(홍진선 인터뷰, 이요한 인터뷰) 더욱이 강릉고 총동문회는 추모비 건립 후에도 추모비 주변에 자갈을 깔아 더 깔끔히 가다듬는 작업도 후속 조치로 진행해 총동창회의 책임과 관심을 이어 나갔다.(정연범 인터뷰)

애초 다른 맥락에서 추모되던 두 사람은 추모비를 통해 한 쌍이 되어 서로를 지키며 공명을 일으킨다. 바로 그 상호 의존과 공명 속에서 둘의 삶과 죽음 그리고 그들의 용기와 헌신의 의미가 학교와 지역 현장에서 퍼진다. 서로 다른 시기에 둘은 같은 학교에서 공동체의 규범과 가치를 익혔고 졸업 후 서로 다른 삶의 현장에서 사회와 공동체 구성원들에게 신뢰와 용기를 보였고 책임과 의무를 다했다. 강릉고 동문들이 둘을 통해서 기억하고자 하는 것은 바로 그런 공동체와 타인을 위한 용기와 책임이다.

2020년과 2021년 6월 21일 강릉고 교장과 교사 및 학생 대표들이 두 추모비에 헌화하고 추모했다. 그들은 함께 주변 숲길, 즉 '경화솔숲길'을 산책하며 두 동문을 기렸다. 아울러 학교는 계기수업과 민주시민교육을 통해 두 동문의 삶과 죽음을 학생들에게 안내한다.(강릉고등학교 특색교육부a; 강릉고등학교 특색교육부b)

다만 강릉고등학교 최종선 교장과 김민숙 교사는 정경화 소령과 김성수 열사 추모를 전체 학생들에게 강제하거나 주입하는 방식과는 거리를 두려고 노력한다고 밝혔다. 민주시민교육을 '비민주적'으로 할 수는 없기 때문일 것이다. 아울러 강릉고 교장과 교사는 두 동문의 삶과 죽음으로 함축되는 서로 다른 길에 대해서도 '공평히' 다루고자 노력한다고 강조했다. 특색교육부장 김민숙 교사는 '경화솔숲길'을 발의하고 조성한 주역이면서 동시에 민주시민교육을 통해 한국 사회 민주화운동의 역사 맥락 속에서 김성수 열사를 알리는 활동을 이끈다. 그가 보기에 둘의 삶은 기가 막히게 만나 교육을 위해서도 서로 보조한다. 다만 최종선 교장은 이런 추모와 기억이 일시적인 일이 되지 않고 학교에서 기억문화로 지속되려면 또 다른 제도적 방법도 더 필요하다고 여긴다.(최종선, 김민숙 인터뷰)

사실 강릉고의 두 추모비는 기억과 기념이 정치나 행정의 상

〈사진 4〉 학교와 학생 주최 추모식(2021년 6월 21일, 강릉고: 김민숙 제공)

위 기관에서 학교 현장이나 지역사회로 내려 꽂는 인습적 방식을 역전했다. 강원도 교육청은 지난 2020년 11월 말 『슬기로운 시민여행』이라는 제목의 민주시민교육 소책자의 '1장 민주주의'의 5절에서 김성수 열사 기념비를 소개했다.(강원도 교육청, 2020: 18-19) 그것은 강원도 여러 지역과 삶의 현장에서 발원하고 발전한 인권과 생태, 평화와 문화 다양성을 통한 공생의 지향을 잘 정리하고 안내한다. 도교육청이 발간한 민주시민교육 책자를 통해 김성수 열사 기념비는 강릉을 넘어 최소한 강원도 전 지역의 학생들에게도 알려진다. 김성수 열사 추모비는 강원도 학생들이 민주주의 역사의 무게와 인권 규범의 깊이를 잴 수 있는 성찰의 매개로 활용되고 있는 것이다. 학교 현장에서 발원한 기념과 기억의 소재와 주제를 도교육청에서 정리해 해당 지역의 여타 학교와 학생들도 접할 수 있는 기회로 삼은 것은 매우 의미있는 기억의 공유와 전승 형식이다. 로컬 보훈과 기억 확산의 모범이라고 할 수 있을 것이다.

아울러 강릉고 총동창회의 행사에는 단순히 강릉고 동문들만의 만남의 장이 아니라 지역사회의 여러 단위와 구성원들이 참여한다. 그 과정을 통해 두 동문의 기억은 강릉고의 경계를 넘어 강릉 지역에도 자연스럽게 파고든다.(정연범 인터뷰) 그런 점에서 강릉고 두 추모비는 강릉의 독특한 기억문화의 매개이자 정치적 사회화의 한 통로가 될 수도 있다.

5. 강릉고를 나서며

강릉고등학교 교직원과 동문들은 현 교정의 터가 지닌 상서(祥瑞)로움을 높인다.(강릉고등학교 총동창회, 2012, 84, 90) '초당'의 푸른 소나무 숲이 펼쳐 놓은 자연 정취도 이미 청소년 교육을 위해 안성맞춤이지만 역사의 무게는 강릉고등학교를 더욱 진중히 만든다. 일제의 조선 합병 직전 1910년 초봄 청년 선각자 여운형은(당시 25세) 당시 양양 군수가 된 관동학회 주역 남궁억의 초청으로 강릉으로 왔다.(이기형, 2000: 66-69) 여운형은 초당의숙을 운영하며 교육을 통한 독립의 길을 걸었다. 초당의숙은 강릉과 관동지역 근대 교육의 산실이면서 동시에 애국심의 발원지였다. 현재 강릉고등학교의 교정은 바로 그 장소를 품고 있다. 강릉고의 두 추모비는 초당의숙과 여운형의 활동을 기리는 기념비에 근접한 장소에 위치해 있다. 두 추모비의 설립과정과 상승적 의미 확산과 공유를 생각하면, 여운형과 두 추모비의 시대를 뛰어넘는 의미 연관성도 크게 올리고 싶은 마음이 크다. 민족 주권을 빼앗기기 직전에 여운형이 공들이며 설파한 근대 애국심 교육도 그렇지만 여운형이 한국 현대사에서 누구보다 통합과 포용의 정치가라는 사실은 이 두 추모비를 만나 특별한 공명을 일으킨다.

의로운 죽음을 기억하는 일은 인간 사회의 문명적 발전을 위한 가장 기본적인 일이다. 강릉고등학교와 강릉고 동문들은 어찌 보면 매우 당연하고 상식적인 일을 했을 뿐이다. 하지만 한국 사회가 그동안 벌인 숱한 특정 삶의 과잉정치화나 안타까운 죽음의 협애한 정치적 오용 및 과도한 적대화를 기억한다면, 이 두 추모비 건립과 두 명의 서로 다른 죽음에 대한 공동 기억화 작업은 특별한 공적 의미가 있다. 강릉고와 동문들은 둘을 같이 기억함으로써 우리 사회의 다원적 삶의 지향을 그대로 품었다. 포용과 통합의 가치는 바로 그렇게 학교 현장에서 만났다. 강원도 교육연수원 최승룡 원장은 애초 김성수 열사기념사업회의 오랜 회원으로서 김성수 열사 추모비 건립에 주로 관심을 가졌지만 두 추모비가 나란히 강릉고 교정에 건립됨으로써 '오히려 박제화된 역사 기념을 극복하는 일'이 될 수 있어 더욱 의미가 클 수 있을 것이라고 두 추모비의 의미를 요약했다.(최승룡 인터뷰) 하나의 전형을 만들어 의식화하는 방식이 아니라 두 추모비가 나란히 서 있음으로써 의미 있는 공동체 삶의 여러 방식을 더욱 현실적이고 생동감 있게 전달할 수 있지 않을까 하는 평가로 읽힌다. 박제화된 방식의 규범 전달 교육을 넘어 '공동체적 삶'을 성찰하는 현장이 될 수 있을 것이라는 기대다.

기실 강릉고 두 의인 동문의 공동 추모와 기억은 억지와 불편함을 무릅쓰고 단순히 서로 공존시키는 차원을 넘어섰다. 애초 둘의 기억과 추모는 국가 기관에서 먼저 주도하지 못했다. 정경화 소령의 삶과 죽음의 의미를 먼저 알리고 공동체 차원의 기억과 추모로 발전시킨 것은 부하들의 자발적인 모임이었다. 김성수 열사의 추모와 기억도 오랫동안 김성수 열사기념사업회가 외롭게 투쟁하며 일구어 온 일이었다. 그런데 이제 두 강릉고 졸업생은 추모비를 통해 강릉고의 앳된 청소년들의 가슴에도, 강릉고를 졸업한 여러 동문들의 기억에도 '안타까우면서도 자랑스러운 동문'으로 깊이 자리를 잡았다. 그렇게 되도록 만든 여러 행위자들은 중요한 순간에 진중했으며 각자의 자리에서 지혜로웠다. 그 진중함과 지혜의 결과로 두 추모비가 건립되었고, 건립후 그것은 삶의 현장에서 기억의 상호작용을 자극했다.

사실 정경화 소령은 오히려 김성수 열사를 추모하고 기억하면서 그의 모교와 동문들 사이에서 새롭게 주목받고 기억되고 있다. 김성수 열사 추모 활동과 추모비 건립은 정경화 소령을 강릉고와 강릉고 동문들이 주목하게 된 중요한 전기가 되었다. 아울러 김성수 열사는 정경화 소령이 아니었더라면 강릉고나 강릉고동문들에게 그렇게 충분히 기억의 거점을 나눠 받지 못했을 수도있다. 사회운동 단체의 정치 과제가 되거나 일부 동문들에게만아픈 기억으로 남을 수 있을 '열사 기념'이 오히려 정경화 소령을통해 학교의 중앙 정원과 동문들의 소식지에 제자리를 잡았다.역으로 정경화 소령도 김성수 열사 기념이 아니었다면 오랜 옛사건으로 일부 고령 동문들에게만 '자랑스런 동문'으로 남았을 수있었다. 그렇게 서로 다른 기억과 추모는 삶의 현장에서 만나 서로 보조하며 기억문화의 상승적 상호작용을 일으키고 있다.

　강릉고등학교의 교훈은 1980년부터 '성실, 창조, 조화'다.(강릉고등학교총동창회, 2012: 121) 강릉고 두 추모비는 자신의 삶에 '성실'했던 두 동문을 '조화'롭게 기억하는 로컬 보훈의 '창조'였다. 국가적 차원의 보훈과 기억문화는 바로 이와 같은 아래로부터의 보훈과 자발적 기억의 확산을 통해서 비로소 그 함의와 의미가 제대로 전달되고 구체화될 것이다. 그렇게 우리는 '그들의 영광이 영원한 기억으로 남는' 로컬 보훈을 살폈다. 그것은 우리 정치공동체가 가져야 할 기억문화의 중요한 미래 방향이 될 것이다.

*　이 글을 쓰는 데 도움 주신 분들께 감사드립니다. 강릉고등학교 최종선 교장 선생님과 김민숙 선생님, 김성수 열사기념사업회 홍진선 대표님과 이요한 운영위원장님은 인터뷰와 함께 귀한 자료를 제공해 주었습니다. 전 강릉고등학교총동창회 사무총장 정연범 선생님, 강원도 교육청 권대동 대변인과 강원도 교육연수원 최승룡 원장님은 인터뷰를 통해 전후 사정과 당시 맥락을 알려 주셨습니다. 인터뷰에 응해 주신 모든 분들께 감사드립니다.

보훈의 뒤안길
: 국가 폭력 희생자의 관점에서 보는 평화적 보훈에 대하여

강혁민_ 강원대학교 통일강원연구원

1. 서론

  보훈이 평화와 손잡을 때 우리는 가장 기민한 방식으로 폭력
과 희생의 역사를 기억해야 한다. 그것은 독립된 지식 체계로서
보훈학이 국민국가(nation-state)를 기반으로 한 국가주의와 맞물
려 발전하면서 독립과 호국, 민주주의를 통한 나라사랑과 국민
통합에 기여하기 위한 보훈의 이념마저 국가권력에 의해 희생된
무고한 시민들을 망각하는 문화적 수단으로 발전될 우려가 있기
때문이다. 전통적으로 보훈의 내재적 가치는 국가에 충성된 국
민과 그렇지 못한 국민을 구분하는 이념적 기제로 이해되어 왔
는데, 안타깝게도 이것은 전쟁이나 폭력을 기반으로 한 정치사
회적 내러티브와 함께 승자의 기억과 정의를 뒷받침하는 방식으
로 전승되었다. 보훈의 복수 가치를 추구하는 시도(김주환, 2012;
2013) 조차 보훈의 이면에 존재하는 희생자(the victimized)들에 대

한 역사를 충분히 인정하지 않는다. 그러나 보훈과 그 이념이 폭력을 방지하고 사회 통합을 위한 평화적 수단이 되기 위해서는 전쟁과 폭력에서 희생당하고 비국민으로 살아온 약자의 정의에도 응답하는 민주적 행위가 되어야 한다. 더욱이 보훈 문화의 평화적 확산은 범국민적 차원에서 실현되어야 할진대, 이때 국가 중심의 보훈보다는 사람 중심의 보훈이 통합과 발전에 더 유의미한 역할을 할 수 있을 것으로 기대된다.

한국전쟁 전후 자유민주주의를 수호하기 위한 국가적 프로젝트는 반공 이념을 중심으로 발전하였고 분단체제에서 반공은 호국의 정신과 맞닿았다. 안타깝게도 반공 이념은 한국전쟁 이후 국가 폭력에 의해 죽임을 당한 수많은 이들을 다시 구조적 폭력으로 억압하는 수단으로 작용했을 뿐만 아니라 국민과 비국민을 엄격하게 분리하는 기준이 되었다.(최정기, 2010; 강성현, 2013) 이러한 사회적 조건 속에서 보훈은 때때로 반공주의나 호국이념과 결합되어 사회를 양분시키는 기능을 했는데, 이것이 바로 보훈의 난제, 즉, 보훈 이념이 사회 통합에 기여하기 보다는 사회분열과 갈등을 조장하는 측면의 한 부분이라고 할 수 있다. 이러한 역사적 전재 과정을 고려할 때, 보훈은 어떻게 사회 통합의 기능을 수행할 수 있을 것인가? 필자는 이 과제를 국가 폭력과 극단적 반공 이념의 희생자들이 말하는 국가주의와 보훈에 대한 자전적 의미를 깨닫고 이념적 간격을 최소화시킬 수 있는 지점들을 발견함으로써 가능하다고 믿는다. 보훈의 뒤안길에서 오랫동안 주목받지 못한 이들의 목소리를 듣는 것이야말로 평화적 보훈의 지름길이기 때문이다.

이 장은 세 명의 국가 폭력 희생자라고 할 수 있는 한국전쟁 민간인 학살의 유가족들의 구술을 통해 폭력의 희생자들이 어떻게 보훈에 응답하는지 살펴보기로 한다. 이들은 이승만 정권 초기에 전쟁을 통한 빨갱이 색출 과정에서 희생당한 이들이며, 유신체제와 군사정권을 겪으면서 반공주의에 의해 철저히 비국민으로 살아가야 했던 이들이다. 세 명의 이야기는 평화적 보훈이란 국가 안에서 발생한 폭력의 모든 당사자들을 동등하게 기억하고 기념하는 공동체적 행위가 되어야 함을 암시한다.

2. 왜 국가 폭력 피해자인가?

「국가보훈기본법」제2조에서는 보훈의 이념을 '대한민국의 오늘은 국가를 위하여 희생하거나 공헌한 분들의 숭고한 정신으로 이룩된 것이므로 우리와 우리의 후손들이 그 정신을 기억하고 선양하며, 이를 정신적 토대로 삼아 국민 통합과 국가 발전에 기여하는 것'이라고 천명했다. 이어 제3조에서 정의하는 '희생, 공헌자'란 (가) 일제로부터의 조국의 자주독립, (나) 국가의 수호 또는 안전보장, (다) 대한민국 자유민주주의의 발전, (라) 국민의 생명 또는 재산의 보호 등 공무 수행과 연관되어 국가의 예우와 지원을 받는 사람들을 뜻한다. 요컨대, 보훈은 '국가를 위하여' 희생한 사람들에 대한 인정과 예우이며 희생정신을 토대로 사회를 통합하려는 국가적 행위인 것이다. 여기에서 우리말 '희생(犧牲)'은 희생(to be victimized)이 아닌 희생(sacrifice)이라고 할 수 있는데, 이와 같은 희생에 대한 보훈의 개념적 울타리를 고려하면 '국가에 의하여' 상해를 입은 피해자(the victimized)들과 그들의 고통은 보훈의 대상이 아닌 것이다.

그렇다면 왜 국가 폭력 피해자들이 평화적 보훈 논의에 포함되어야만 하는가? 먼저, 이 책의 1장에서 이찬수가 지적했듯이, 「국가보훈기본법」에 나타난 독립, 호국, 민주의 정신이 모두 한국적인 가치이기는 하지만 이들 간의 관계는 이따금 사회적 갈등과 분열의 계기를 마련한다. 그것은 각각의 가치를 둘러싼 사회역사적 갈등으로 인해 그 화학적 관계를 설정하기 어려울 뿐만 아니라 집단적 정체성과도 깊이 연관이 있기 때문이다. 그러나 이찬수는 보훈의 궁극적인 의도가 전쟁이 없는 평화의 상태, 곧 인간안보의 상태라면 그것은 평화라는 가치와 연결되어야 한다고 주장했다. 하지만 보훈이 평화와 연결되는 지점은 여전히 미약해 보인다. 보훈의 의미를 고려할 때, 그것이 평화와 만나기 위해서는 평화의 민주적 가치 또는 포함적 가치(values of inclusion)를 되새겨야 한다. 다시 말해, 보훈의 울타리가 국가주의나 광신적 애국주의의 가치를 지양하고 모든 국민들을 국민으로 인정하고 국가에 희생된 집단들을 포함할 수 있는 민주적인 영역으로 나아가야 한다는 것이다. 예를 들어, 대한민국 국민이지만 국가보안법 등으로 인해 비국민으로 살아야 했던 국가 폭력의 피해자들의 희생과 고통은 호국영웅들이 겪은 고통과 함께 나란히 기억 또는 기념되어야 한다. 이러한 경합적 행위는 배타적 이념으로서의 보훈을 채찍질하여 모든 국민이 보훈 앞에 평등하고 동일하게 기억되는 공동체적 행위로 나아가게 한다. 그럴 때에야 비로소 보훈은 평화와 사회 통합에 기여할 수 있을 것이다.

두 번째 이유는 국가에 의해 희생된 국민들을 인식해야 하는 세계시민적 윤리와 관련이 있다. 보훈은 폭력의 문제에 적극적으로 응답해야 한다. 국가를 위한 희생만 기억되고 보전되어야 할 것이 아니라 국가에 대한 저항 또는 국가에 의한 희생도 함께 기념되어야 한다. 세계사회와 탈경계를 살아가는 오늘날의 국가 정체성은 더 이상 국민국가의 경계에서만 세워질 수 없으며, 오히려 개인과 공동체의 특수한 경험이 국가 정체성을 형성하는 데 더 결정적인 역할을 할 수도 있다. 국가 정체성의 탈구조화는 국가주의에 대한 비판적 저항으로 발전되기도 하여 정치적 폭력을 행사하는 국가에 대한 세계시민적 연대가 일어나기도 한다. 오늘날의 국가와 개인 그리고 국가와 공동체의 관계 속에서 보훈은 더 이상 국가를 위한 희생에만 매몰될 수는 없으며, 오히려 맹신과 충성으로 변질될 수 있는 보훈이념에 대한 경계를 필요로 한다. 이러한 관점에서 국가에 의해 또는 국가 정치구조에 의해 희생당한 이들에 대한 인정은 보훈이 평화적 매개체가 되기 위한 필수 조건이며 그것이 오늘날의 보편적 또는 사람 중심의 보훈이라고 할 수 있다.

3. 왜 피해자 내러티브인가?

국가 폭력 피해자들을 통해서 보훈을 이해하려는 시도는 그들이 국가주의와 보훈에 대해서 무엇이라고 말하고 있는지에 대한 구체적인 이해를 필요로 한다. 언어로 전달되는 의미를 파악함으로써 그들의 관점을 획득할 수 있다. 언어의 전달은 의미를 전달하고자 하는 화자의 기억과 의미의 주체성의 합인 내러티브를 통해 얻어질 수 있다. 내러티브는 인간이 살아오면서 축적한 삶의 경험체이자 타자와의 공유를 가능하게 하는 언어적 매개체다. (Chase, 2011; Connelly and Clandinin, 1990; Creswell, 2007) 내러티브는 사물과 경험에 대한 언어적 표현이며 전달된 의미를 둘러싼 정치학이기도 하다 (Polkinghorne, 1988). 따라서 화자의 내러티브를 이해하는 것은 그의 세계와 그가 의도한 정치적 의미를 이해하는 것과 같다. (Hammack and Philecki, 2012; Hammack, 2008)

평화심리학자인 볼하르트(Vollhardt)와 스타웁(Staub) 등은 피해자들의 내러티브가 한편으로는 그들의 고통을 드러내는 사회적 재현이자 이타주의적 의미를 드러내는 사회적 매개체로 사용될 수 있다고 주장한 바 있다. 이를 '포괄적 내러티브(Inclusive narratives of victims)' 또는 '고통에 기반한 이타주의(altuism born of suffering)'라고 명명할 수 있는데, 이 이론들은 인도에 반한 범죄나 폭력 이후 피해자들이 트라우마를 극복하는 과정을 통해 평화적 주체로 재탄생되는 과정을 설명한다.(Vollhardt, 2009, 2015; Vollhardt and Staub, 2011; Vollhardt and Bilali, 2015)

특히, 볼하트르는 이스라엘-팔레스타인 갈등 사례를 통해 피해자들이 피해자 의식과 반국가적 정체성만 발전시킨다고 보지 않았다.(Vollhardt, 2015) 오히려 외상 후 스트레스 과정을 겪은 피해자들은 그들의 자기 확증의 과정을 통해 가해자들의 도덕성과 인간성의 회복을 인정하고, 폭력의 재발 방지를 위한 사회적 역할을 할 수 있음을 발견했다. 스타웁은 더 나아가 피해자들의 내러티브가 사회적 변혁을 주장하고 폭력사회의 평화적 발전을 위한 건설적인 역할을 할 수 있다고 주장했다.(Staub, 2005) 이들의 연구는 폭력의 피해자들의 적극적이고 도덕적인 자기 회복의 과정을 통해 평화 또는 사회 통합을 위한 행위 주체자로 재탄생될 수 있음을 말했다.(Mani, 2005) 필자 역시 우리나라 국가 폭력의 피해자들에게서 이러한 주체적 특성을 발견했는데,(강혁민, 2020) 이들은 고통의 건설적인 의미 생성 과정을 통해 자신이 누구인지를 재정의하고 비폭력과 사회변혁적 과제를 수행하는 주체자로서 자기를 발견하고 있다 (강혁민, 2020; 김무용, 2011). 요컨대,

피해자들의 내러티브는 그들이 살아온 사회역사적 삶에 대한 지문이자 평화적 보훈에 대한 참고서가 될 수 있다.

4. 세 명의 이야기

여기 세 명의 국가 폭력 희생자들의 이야기가 있다. 이들은 모두 한국전쟁 발발 후 얼마 지나지 않아 아버지를 잃었다. 아마도 1950년 6월에서 10월경 사이의 어느 날이었을 것이다. 영문도 모른 채 끌려가서 죽음까지 당한 이들의 아버지들은 국가 폭력의 희생자들이었다. 이들에게 전쟁은 바로 어제와 같이 생생했다. 전쟁이 끝난 후에도 이들의 가족은 반공주의 속에서 철저히 비국민으로 살아야 했다. 국가가 민주주의를 외칠 때에도 이들의 목소리는 없었다. 그렇게 지나 70년을 숨죽이며 살아온 피해자들은 이 씨와 김 씨와 최 씨다.

한국전쟁 당시 민중들은 이념에 대한 이해가 온전히 서 있지 않은 상태에서 국가에 대해 공통된 인식을 지니고 있었다. 국민들에게 국가는 자신들의 안위와 정체성을 보장하는 것이었고 사회주의 이념은 이제 막 식민지 조선을 벗어난 조선인들의 불확

실한 미래에 대한 삶의 방법론이었다. 그 삶의 방법론은 냉전이라는 세계질서 안에서 이해되었던 것이고 좌익분자들이나 그와 가까운 사람들이 불행한 파국을 맞이했다. 인도주의적 관점에서 그들의 희생은 억울한 것이었으며 그들이 믿었던 국가가 자신들에게 존재론적 위협이 되었다. 전쟁을 겪으면서 유신체제와 군사정권에서 이들은 사회 주변으로 완전히 밀려났다. 반공이념에 의해 완전한 비국민으로 존재하게 되었다.(이동진, 2011; 최정기, 2010; 강성현, 2013)

1) 이 씨의 이야기

이 씨의 아버지는 보도연맹원이었다. 좌익 사상에 물든 사람들을 교육하고 인도한다는 관변 단체 격인 보도연맹은 전국적 네트워크를 가지고 있었다. 어떤 연유에선지 이 씨의 아버지도 보도연맹원이었는데, 전쟁이 나자 경찰들은 동네에 있는 보도연맹원들을 마을 학교로 모아 교실에 가두었다. 당시 중학생이었던 이 씨는 아버지가 잡혀 계신 학교 교실에 도시락을 예닐곱 번 정도 날랐다. 그러던 중 아버지가 다른 분들과 함께 포승줄에 묶여 어디론가 끌려가시는 모습을 보았는데 그것이 아버지에 대한 마지막 기억이다. 이 씨의 아버지는 조용한 마을의 농부였고 글을 아셨기 때문에 무지렁이였던 마을 사람들에게 글을 가르치셨다. 아버지는 마을 사람들에게 덕망이 높았다. 아버지는 항상 하얀 삼베옷을 입으셨고 늘 밭에서 농사를 짓고 계셨다. 아버지가 집에 돌아오시지 않는 날이 길어지자 이 씨는 얼떨결에 한 집의 가장이 되었다. 어린 동생들과 어머니를 먹여 살리기 위해 이 씨는 갖은 일거리를 찾아다니면서 평생을 가족을 위해 자신의 삶을 희생했다. 야간학교에 다니는 것도 여의치 않았다. 빨갱이라는 꼬리표가 이 씨와 그 동생들에게 따라다니는 바람에 사회 활동에 많은 제약을 받았다. 삶에 대한 희망은 점점 사라져갔고 노년이 된 후에야 자신의 억울함을 이야기할 수 있는 자신감이 생겼다. 이 씨에게 '보도연맹'이라는 단어는 기억해서도 입 밖에 내서도 안 되는 금기어였다. 아버지 없는 설움은 이 씨의 삶을 송두리째 앗아갔다.

2) 김 씨의 이야기

김 씨가 전쟁에서 아버지를 잃은 것은 열 살 무렵이었다. 전쟁이 터지자 인민군들이 김 씨네 집에 찾아와 무슨 추방령 같은 것을 내렸다. 김 씨는 자신의 가족이 사대부 가족이라 하여 공산주의가 배격하는 집안이었다고 했다. 김 씨의 기억으로 10월 7, 8일쯤 오후 3시에 자전거 타는 어떤 청년이 아버지에게 와서 "좀 갑시다"라고 하면서 아버지를 어디론가 데려갔다. 자초지종을 알아보니 아버지는 동네 파출소에 끌려가서 무진장 두들겨 맞았고 밤새 구타를 당해서 한쪽 눈이 실명이 되셨다는 것이다. 김 씨는 어머니와 아버지 면회를 가서도 해코지를 당하고 겨우 집으로 돌아왔다. 그런 일이 있었을 당시엔 밤이 매우 찼다. 할머니께서 아버지에게 내복을 가져다주라고 하셔서 김 씨는 지서로 가서 아버지를 찾았으나 아버지가 거기에 더 이상 계시지 않았다. 김 씨의 기억으로는 그 전날 밤 뒷산에서 총소리 같은 것이 들렸는데, 동네 사람들은 김 씨의 아버지가 동네 뒷산에서 학살되었을 것이라고 했다. 동네 사람들 사이에 덕망이 높았던 아버지가 갑자기 영문도 모른 채 끌려가서 돌아오지 않으시자 마을 사람들이 김 씨와 그 조부모를 두고 수군대기 시작했다. 친하게 지냈던 사람들마저 김 씨네 집에 더 이상 발걸음을 하지 않았다. 김 씨의 가족은 점점 더 마을에서 고립되어 갔고 그 고통이 너무 커서 마을을 떠나지 않고서는 도저히 살아갈 수 가 없을 정도였다. 김 씨는 성인이 되고 나서도 연좌제와 같은 차별을 겪었다.

일상이 불가능할 정도로 트라우마가 심했지만, 아버지를 찾아야 겠다는 일념은 변함이 없었다.

3) 최 씨의 이야기

최 씨는 아버지를 거의 기억하지 못했다. 다만 아버지와 작은 아버지가 젊은 시절 동네 사람들을 대상으로 야학을 하셨고 평 상시에는 농사일을 하셨던 기억만 있었다. 최 씨는 작은아버지 는 확실히 좌익사상가였지만 아버지는 별로 관련이 없었다고 하 였다. 젊은 시절 최 씨는 어머니와 함께 친척들의 눈치를 보면 서 살아가야 했다. '빨갱이 새끼' 소리를 들은 적이 많지는 않지 만 가끔씩 들었던 그 순간을 아주 생생하게 기억하고 있었다. 아 버지가 왜 죽어야만 했는지 그리고 왜 죽어 마땅한 사람이 될 수 밖에 없었는지 알 수 없어 최 씨는 혼란스러웠다. 가끔씩 고향에 내려가면 동네 사람들이 자신의 아버지 덕에 살 수 있었다는 얘 길 종종했다. 그때까지만 해도 최 씨는 그것이 도대체 무슨 말인 지 알아듣지 못했다. 아버지에 대한 행방과 역사를 본격적으로 알아보기 시작한 것은 최 씨가 예순이 다 될 무렵에서였다. 이 사람 저 사람에게 물어보고 모임이란 모임은 전부 찾아다니면서 아버지의 죽음을 파헤치기 시작했으나 누구도 아버지의 죽음을 제대로 설명하지 못했다. 하지만, 최 씨가 살아오면서 가장 힘들었던 때는 군사정부 시절이었다. 성인이 되어 무슨 일을 하려고만 하면 자기도 모르는 덫에 걸려 항상 어려움을 겪었다. 반공이 마치 이 세상의 전부인 것처럼 살았던 그 당시에 받은 갖은 질책과 감시를 생각하면 최 씨는 아직도 억울한 마음이 크다.

5. 국가에 대한 질책과 충성심의 공존*

국가 폭력 희생자들이라고 할 수 있는 유가족들은 전쟁 이후 70년이 다 되어 가는 분단 구조 안에서 빨갱이 또는 제2등 시민으로 살아왔다. 유신체제와 군부정권을 거치면서 이들에 대한 감시와 공공연한 차별은 지속되었다. 애국심이 사회 일반과 개인의 정체성으로 강하게 발전하는 동안 이들은 대한민국이라는 국민국가 안에서 정상적인 국민으로 인정받지 못하는 비국민

---

* 이 글의 5장과 6장은 강혁민, 2020. '내러티브 이론으로 보는 피해자 회복 탄력성 연구,' 피해자학연구, 제 28권 제 3호. 1-30을 수정 및 보완한 것임.

으로 살았다. 연좌제라는 족쇄는 그들의 일상적 현실이었고 낙인으로 이끄는 하나의 폭력이었다. 어쩌면 국가 폭력의 유가족들은 '존재하지만 존재하지 않는(absent-presence)' (Brewer el al., 2018) 불편한 사회 구성원이었다. 이 씨와 최 씨는 자신들의 삶이 국가가 행한 무자비한 폭력과 그 이후 뒤따라오는 낙인에 의해 철저히 파괴되었음을 드러냈다.

> "우리에게 하는 말이 '그러니까 죽었지 빨갱이들'이라는 딱지를 만들어 버린 거예요. 그런 것이 이제 아주 트라우마로 남아서 사는 동안 내내 그 트라우마 때문에 고생을 합니다." (인터뷰 I, 2019)

> "유족들이 정부로부터의 학대, 곧 이 나라에서는 도저히 살 수 없도록 만든 것이 이승만 박정희 정권이었죠 독재를 위해서. 5·16군사정변을 통해서 반공을 국시로 했기 때문에 박정희의 독재정권이 미국에 승인이 된 거죠. 그 이후로 반공 교육이 몇 배 불어나서 학교에서는 그 전보다 훨씬 강하게 반공 교육이 일어난 거예요. 그러니까 50년대가 그렇게 지나고 60년대부터는 우리가 전부 반공 교육의 피해자, 즉 빨갱이로 낙인이 찍혀서

뭐 살 수가 없었던 거에요. 그런 시대에 우리 유족들이 살아왔어요." (인터뷰 III, 2019)

　자신의 삶에 대한 회고는 국가에 대한 강한 질책으로 발전되었다. 이것은 그리 놀랄 만한 일은 아니다. 왜냐하면 폭력의 주체였던 국가라는 권력 기구가 국민인 자신들의 삶을 보호하지는 못할망정 자신과 그들의 가족의 삶을 송두리째 앗아 갔기 때문이다. 전쟁 당시에 국가는 국민을 지키는 수호자가 되지 못했고 오히려 일부 국민들을 색출하여 잠정적인 적으로 몰아갔다. 수색을 당하거나 잡혀 온 국민들은 온갖 수난을 당해야 했고 결국 얼마 지나지 않아 산기슭 같은 곳에서 죽임을 당하고 그대로 매장당했다.

　"역사를 제대로 이해해야 돼요. 우리가 왜 피해를 받았는지. '국가가 안전합니다. 서울을 사수하세요.' 다리를 자기들이 끊어 놓고. 그러면 국민들은 국가를 믿고 삶의 자리를 지켰죠. 근데 어떻습니까… 피난 간 사람들은 영웅으로 대접을 받고 피난가지 않은 사람들은 모조리 학살이 됐어요. 국가가 바로 서고 치안이 명확했으면 이런 일이 안 났겠지." (인터뷰 III, 2019)

"가장 기본적인 것은 국가가 학살을 하지 말아야지. 죽이지 말아야지. 적어도 국가권력이 국민의 생명을 빼앗는다는 것은 있을 수 없는 일이야." (인터뷰 II, 2019)

"대한민국 민주주의 국가에서 삼권분립이 뭡니까? 왜 국민이 죽어야 하며, 조류독감 식으로. 그것은 국가가 그들을 내 편이 아닌 것으로 인식을 했기 때문에 그랬던 거예요. 그렇잖아요?" (인터뷰 I, 2019)

국가는 국민을 보호해야 할 의무가 있으며, 잘못이 있더라도 적법한 절차를 거친 뒤에 사법적 결정을 내려야 한다. 그러나 좌익에 연루되었거나 혹은 그에 가담한 이들에 대하여 국가는 무차별적인 학살을 감행하고 이들에 대한 기억과 기록을 없애기 시작했다. 전쟁은 단지 호국영웅들의 이야기로만 기억될 뿐이었고 민간인들의 희생은 보훈과는 관련이 없는 것이 되었다. 국가 폭력 희생자들은 이렇게 보훈의 뒤안길에서 서성이고 있을 뿐이었다.

피해자들의 국가에 대한 질책은 단순히 국가가 '거기 없음'이나 국민들을 무차별적으로 죽인 사실을 넘어섰다. 이들의 질책은 그 전에도 그렇고 지금도 여전히 자신들을 공공연히 차별하고 가해 사실을 지속적으로 인정하지 않는다는 사실에 있었다. 공식적인 사과는 거의 없었고 지금도 역사적 사실로서의 학살과 피해자들의 문제를 단순히 정치적인 논리로 접근한다는 비판적인 어조도 섞여 있었다. 특히 이 씨는 국가가 피해자들을 국민으로 인정하지 않으면서 국민의 의무는 다하라는 것과 진실규명이나 보상에 대한 법을 한시적으로 만들어서 다시 피해자들이 피해를 느끼도록 한다는 것에 재차 염증을 느끼고 있었다.

"국가는 우리에게 요구할 건 전부 다 요구해요. 공출을 했지 군인도 갔다 왔지. 전부 다 했지 국민의 의무는. 그런데 지금 명예회복을 해 준다는 것이 노무현 대통령이 명예회복 보상을 해 줬는데, 그런데 왜 시한부 법을 만들었냐는 거야. 아니 그 5년 만에 뭘 어떻게 할 수 있느냐는 말이야. 그런 식으로 하지 말아라. 아무 죄 없는 사람을 가져다 민간인을 데려다가 마치 조류독감처럼 그렇게 죽였으면 그에 대한 정부 차원의 시인과 사과, 보상이 있어야지 왜 그 시한부 법 때문에 이렇게 우리는 다시 한 번 차별을 하느냐 말이야. 진실 규명을 받은 사람 따로 있고 못 받은 사

람 따로 있고, 왜 보상에 차별을 두냐 말이지." (인터뷰 I, 2019)

이렇듯, 피해자들은 국가가 지속적으로 자신들의 권리를 온전히 복권시켜 주지 못하고 있다는 것을 강조했다. 그러면서 자신들의 삶의 이야기가 역사에서 잊힌 일들과 국가가 기억하지 않는 일들에 대한 저장고로 인식하였다. 다시 말해, 국가가 공식적으로 기억하지 않는 역사적 악행에 대한 반대 담론(counter-narratives)으로 자신들의 삶의 이야기를 인식하고 있다는 것이다. 하지만, 이러한 반대 담론으로서의 자신들의 이야기는 좀 더 넓은 차원의 역사적 맥락과 연결되었다. 과거의 악행에 대해 국가를 질책하기보다는 숙명적인 시대적 착오였던 것으로 인식했다. 아무리 국가가 폭력의 주체일지라도 역사적 맥락 안에서 폭력은 시대적 불운이었다. 시대의 불운이라는 해석은 특정한 가해자나 피해자들로 하여금 학살이 단순히 자신에게만 일어난 고립된 사건이 아니라 역사의 암울한 시대에 민족이 맞이한 비극이라는 이해로 확장시켜 주었다. 한국전쟁은 남과 북의 이념적 대립의 결과였지만 그것을 감당해 내는 것은 바로 자신들과 같은 민간인들이었다. 좌와 우의 대립은 마을 깊숙이 파고들어 마을 생태계를 철저히 파괴했으며, 교육받지 못한 무지렁이 농사

꾼들은 다 함께 잘살아 보자는 일념으로 이념이 무엇인지도 모른 채 마을에서 이웃들끼리 창과 총으로 서로를 겨누었다. '악한 것은 사람이 아니라 전쟁이며, 전쟁 상황에 처한 사람은 누구라도 자신의 생존을 위하여 자기방어를 하는 것이 인지상정인 것'이다.(인터뷰 II, 2019) 따라서 가해자와 피해자 모두 전쟁에서 피해를 당한 피해자라고 인정한다. 역사적 피해서술을 통해 응답자들은 자신의 피해를 개인적인 차원에서만 아니라 더 넓은 사회적 영역으로 발전시켜 역사 공동체적 아픔을 공유했다.

> "내가 너무 넓게 생각해서 그런지는 모르겠지만, 우리 아버님들이 시대를 잘못 타고 났어. 왜정 때도 그랬고 해방, 전쟁 때도. 다 마찬가지예요. 아주 우울한 역사였지. (…) 인간의 나약함을 인정을 해야 돼요. 피해자와 가해자가 사실은 인간일 뿐인 거죠. 배가 고프면 밥에 독이 들어도 밥을 먹는 게 인간이라는 것이죠. 이렇게 나약한 인간이 어쩔 수 없는 전쟁의 상황 속에서 맞이한 비극이다…. 따지고 보면 우리 전부 다 (전쟁의) 피해자라고 할 수 있지… 안 그래요? 전쟁이 나쁜 것이지 사람이 나쁘다고 하면 안 되는 것이지." (인터뷰 I, 2019)

"우리 유가족들이 삶을 되돌아볼 때, 공정하게 과거를 바라봐야 해. 어느 한쪽으로 치우치면 안 돼. 우리 어버이가 죽었다고 그쪽에 치우쳐서도 안되고 반공이데올로기에 대해서도 빠지면 안 돼. 공정한 시각으로는 좀 더 크게 장기적인 관점에서 역사를 바라보아야 한다는 거야." (인터뷰 II, 2019)

국가에 대한 질책이 역사적 관점으로 재해석되면서 세 명의 피해자들은 그들이 국민국가의 일원인 것을 강조하기 시작했다. 이들에게 국가는 자신들의 존재를 위협하고 그 이후에도 인정하지 않는 거대 권력이었지만 그럼에도 불구하고 국가는 자신들이 속한 본질적 정체성이자 그들이 살아가야 할 삶의 장소였다. 국가에 대한 이들의 마음은 이내 충성심으로 발전이 되기도 했다. 국가에 대한 이들의 내러티브는 자긍심, 애착심, 민족성이라는 감정으로 표현되었다. 가령, 김 씨는 이야기 초반에 자신의 할아버지가 국가유공자라고 설명했다. 예를 들어, 김 씨는 자신의 증조할아버지가 독립운동을 하셨다고 설명했다. 김 씨는 자신 가족의 내력을 설명하는 동안 자신의 가족이 국가에 충성하고 흠이 없는 집안이었음을 강조했다.

"사실 우리 아버지에 대한 이야기를 하기 전에, 우리 가족은 독립운동을 했어요. 왜정 때, 증조할아버지께서 독립운동을 하셨는데, 이승만이가 할아버지께 찾아왔어도 그… 결이 달라서 아예 만나시질 않으셨대요. 서울에서 활동을 하시고 처음에는 이북에 있는 옥과에서 군수를 하시다가.. 우리 15대 할아버지는 황해도 관찰사 지금으로 말하면 도지사죠. 이런 집안이에요. 우리가. 대전현충원에서 그 독립운동을 한 기록도 있고. 국가유공자로서의 기록이죠 말하자면." (인터뷰 III, 2019)

그러면서 김 씨는 자신의 가족이 인공 당시 인민군들에 의해서 마을에서 추방당한 경험도 이야기했다. 이유는 자신의 가족이 왜정 때부터 사대부 가족이니 공산주의 사상에서는 사대부들이 배척당했다는 것이다. 그래서 전쟁이 발발하자마자 마을을 떠나야 했고 피신을 갔다가 돌아오면서 어떠한 이유에선지 아버지께서 지서로 잡혀가셨다고 한다. 그러나 김 씨는 자신의 증조할아버지께서 사회주의 계열의 독립운동을 하셨기 때문에 그것이 화근이 되어 아버지가 돌아가셨다고 생각했다. 그런데 김 씨의 국가에 대한 마음은 바로 이러한 자신의 집안이 독립운동을 했다는 사실로 되돌아가 국가에 대한 애착심을 드러내게 된다.

그런가 하면 이 씨는 국가의 일원임을 숙명으로 받아들였다.

> "보도연맹이라는 것은 내가 생각할 수도 없고 입 밖에 내뱉을
> 수도 없는 것이죠. 그럼에도 내가 생각하는 것이 무어냐면, 내
> 가 내 가족이 어떤 사건을 당했어요. 어쨌든 나는 대한민국 국
> 민이잖아요? 그래서 억울하고 도저히 이해를 할 수가 없지만
> 그럼에도 불구하고 내가 이 땅에서 살아야 하는 운명이라… 나
> 는 대한민국 국민으로서 해야 할 바를 마땅히 해야 돼요. 국가
> 가 나를 너무 힘들게 했지만 그래도 어떡해요 살아야지." (인터뷰
> Ⅰ, 2019)

마지막으로 최 씨는 특이하게도 민족성에 대한 애착이 국가에
대한 애착으로 드러났다. 민족의 주체성을 회복하는 것이 지금
국민이 해야 할 일이라는 것이다.

> "한국 사람들이 한국인으로서의 존엄성, 자존감, 그것을 회복해
> 야 돼. 일제, 미국의 지위라고 해서 눌리지 말고 그게 정상이라
> 고 생각해서는 안 돼. 우리의 주체적 국가 자존감을 찾아야지.
> (…) 우리 유가족들이 삶을 되돌아볼 때, 공정하게 과거를 바라

봐야 해. 어느 한쪽으로 치우치면 안 돼. 우리 어버이가 죽었다고 그쪽에 치우쳐서도 안 되고 반공 이데올로기에 대해서도 빠지면 안 돼. 공정한 시각으로 좀 더 크게 장기적인 관점에서 역사를 바라보아야 한다는 거야." (인터뷰 II, 2019)

6. 반공주의와 평화로운 국가에 대하여

피해자들이 겪었던 억울함과 두려움은 국가라는 추상적 개념이 아닌 구체적인 폭력 그 자체에 기반한다. 폭력은 시간이 지나면 지날수록 더 심화되고 고질적인 것이 되었는데, 반공주의는 바로 이들이 그렇게도 두려워했던 폭력의 실체였다. '반공'의 도식에서 이들은 잠재적인 적으로 분류되어 국가라는 울타리 밖에서 자신들의 삶을 영위해 왔다. 이들의 이야기는 이러한 반공주의의 실체를 드러낸다. 반공이 얼마나 역사를 왜곡했으며 사람을 죽이는 폭력 정치의 중심에 있는지를 밝히고 있다. 하지만 주목할 만한 점은 이들은 비단 고통의 이야기만을 말하지 않았다는 것이다. 오히려 이들은 폭력으로 인해 고통받은 자신의 전 생애를 현재의 관점에서 다시 해석하고 국가에 대한 자신의 정체성을 다시 말하고 건강한 사회, 평화적 사회에 대한 열망으로 발전해 갔다. 피해자들의 이러한 말하기 방식은 고통의 삶을 미래의 삶으로 여는 것이었으며 자신의 희생을 통해 세워질 새로운 국가 공동체에 대한 염원이었다.

1) 반공주의를 넘어서

피해자들은 새로운 국가 공동체를 그동안 우리 사회에 깊게 뿌리 내린 반공주의의 변혁으로 해석했다. 반공주의는 사라져야 한다. 왜냐면 그들의 고통이 바로 반공주의에서 파생되었기 때문이다. 반공주의로 인해 한국전쟁 이후 분단의 상태에서 빨갱이로 살아온 지난 70년은 마치 지옥과도 같았고 죽음과 배제에 대한 트라우마는 그들을 존재와 비존재의 경계에서 살게 했다. 따라서 사회가 변혁되어야 한다는 것은 그들이 오랫동안 간직해 온 구체적인 열망이었으며 죽기 전에 반드시 이루어야 할 과업과 같은 것이었다.

"우리 사회는 이제 좀 변해야 됩니다. 물론 많이 좋아졌죠. 우리 같은 사람이 이렇게 말할 수 있는 세상이 왔다는 것만 해도 그렇고. 그런데 아직도 멀었어요. 저렇게 태극기를 들고 돌아다니는 사람들을 보면 아직도 우리는 갈 길이 멀었다는 거죠. 그런 사람들만 보면 아주 참 한심한 생각을 들어요. 우리 같은 사람들은… 참….” (인터뷰 II, 2019)

김 씨는 태극기를 들고 다니는 사람들은 독립 이후와 전쟁 당시에 사회주의자나 공산주의자들을 색출하러 다녔던 조직들을 연상케 한다고 했다. 그는 국가에 대한 맹목적 정치적 지형이 여전히 남아 있는 것이 화해와 통합의 걸림돌이며 피해자들의 트라우마가 계속되는 이유는 바로 이러한 극단적 반공주의의 잔재 때문이라고 밝혔다. 따라서 진정한 통합을 위해서는 극단적 반공주의는 사라져야 할 것이라고 했다.

“그래서 우리 사회가 이게 통합이 어려운 이유가 바로 이런 거예요. 저런 집단들이 여전히 있기 때문에 우리가 아직 이 고통을 당하는 거고 트라우마가 남아 있는 거죠. (…) 저런 반공주의 같은 것은 하루 빨리 사라져야 돼요.” (인터뷰 II, 2019)

흥미로운 사실은 최 씨는 반공주의를 넘어서기 위해서는 유가족들이 먼저 솔선수범을 보여야 한다고 주장했다는 것이다. 아이러니 하게도 피해자인 유가족들도 군사정권을 지나면서 반공교육에 알게 모르게 영향을 받았는데, 자신들의 부모가 멸공에 죽었으면서도 도리어 자신들이 철저한 반공주의자가 된 현실을 개탄했다. 최 씨는 피해자 활동을 하면서 다양한 피해자들을 만났는데 그들 스스로가 베트남전쟁에 참여하고 와서는 보훈훈장을 받고 완전한 반공주의자가 되었다는 것이다. 또한 피해자들 중에도 기독교인들이 있는데, 기독교인들이 이런 자유민주주의를 외치면서 친미의 메신저가 되고 있는 현실을 보며 유족들 스스로가 반공주의에 대해 공정하고 비판적인 시각을 가져야 한다고 했다.

"아니 자기 아버지가 왜 죽었는지 모르고 자기는 반공주의자가 돼서 태극기 차고 돌아다니고. 어떤 사람은 베트남에 가서 사람 죽였다고 그걸 그렇게 자랑삼아 얘기하고 다니고. 이게 되겠냔 말이야 이게. 그래서… 우리 유가족들이 삶을 되돌아볼 때, 공정하게 과거를 바라봐야 해. 어느 한쪽으로 치우치면 안 돼. 우리 어버이가 죽었다고 그쪽에 치우쳐서도 안 되고 반공 이데올로기에 대해서도 빠지면 더더욱 안 돼. 공정한 시각으로는 좀

더 크게 장기적인 관점에서 역사를 바라봐야 한다는 거야." (인터뷰 III, 2019)

2) 평화로운 국가에 대하여

세 명의 피해자들의 관심은 이제 자신들의 가족과 그들의 자손이 살 미래의 세계로 향했다. 자신들은 반공의 피해자이지만 반공주의를 넘어선 사회의 모습을 열망한다. 평화로운 국가에서 미래 세대는 차별 없이 공정한 세상에서 살아야 한다. 하지만 '평화로운 국가는 가해자들을 처벌하여 세워지는 국가는 아니다'.(인터뷰 I, 2019) 70년이 지난 상황에서 가해자들을 처벌하는 것은 현실적으로 불가능한 것이며 처벌은 평화의 필수 조건은 아니기 때문이다. 이를테면 이 씨는 응보적 정의에 대해서 깊은 의구심을 가지고 피해자들이 그러한 주장을 하거나 행실을 보여서는 안 된다고 했다.

"우리 유족은 같은 길을 걸어서는 안 된다. 다시 전쟁이 일어난다고 해도 그런 식으로 원수를 갚을 수도 없고 갚아서도 안 된다. 넓은 역사적인 안목의 관점에서 누가 언제 어디서 왜 어떻게 이러한 일을 벌였는지를 깊이 이해를 하고 현재를 이해하고 다시 과거를 보고 미래를 계획해야지, 조급한 감정에 휩싸여서 분노만 가지고 있으면 안 된다는 거예요." (인터뷰 Ⅰ, 2019)

오히려 평화로운 국가를 건설하는 일은 진실을 규명하고 국가 차원의 사과가 전제되어야 하는 것이었다. 전쟁의 당사자들이 거의 죽은 이 시점에서 사회의 발전은 악한 감정을 다시 끄집어 내어 물리적인 방법으로 평화를 세우는 것이 아니라 진실을 규명하여 기억하고 다시는 같은 일이 반복되지 않도록 교육해야 한다는 것이다. 이러한 의미에서 역사의 교육은 평화와 통합에 아주 중요한 매개체다. 김 씨는 반공 교육을 올바른 역사 교육으로 대체해야 한다고 주장했다.

"유족들이 힘들었던 것은 반공 교육 때문이에요. 우리는 전부 반공 교육의 피해자, 즉 빨갱이로 낙인찍혔던 거잖아요. (…) 진실이 밝혀지고 화해를 하려면, 교육 자료에 한 페이지라도 실려야 해요. 국가가 그렇게 역사 교육을 제대로 해야 화해가 됩니다. 말로만 화해하지 말고 법률적으로 힘들겠지만 국가에서 이런 교육에 신경을 많이 써서 학생들이 알 수 있도록 하는 것이

통합의 방법이죠." (인터뷰 Ⅱ, 2019)

최 씨는 평화로운 사회를 생명의 존엄성과 폭력이 부재한 비폭력의 사회로 이해했다. 전쟁에서 자신의 가족이 죽은 것은 생명의 소중함을 망각한 죽음의 정치 때문이었다. 좁게는 자신의 아버지를 죽인 특정한 인간의 악행이지만 이 악행은 개인의 책임윤리를 넘어서는 더 거대한 사회구조에 기인한다. 폭력의 구조를 역행하는 양심적인 개인들이 있지만 대부분의 인간들은 이 구조를 넘어서지 못한다. 변혁이 되어야 할 것은 인간이 아니라 사회의 구조이며 사회구조는 생명 존중의 정치로 나아가야 한다. 생명 존중의 가치는 인간의 존엄성을 위하고 비폭력적 사회문화를 만들 수 있다. 이러한 사회의 건설은 생명평화운동과 교육으로 뒷받침된다.

"전쟁 방지의 모퉁이 돌, 그리고 생명 존중의 돌파구인데 우리 유가족들이. 억울한 죽음들이 자꾸 일어나고 있는데 사실 이걸 멈추기 위해서는 생명 존중 사상이 모든 사람들에게 깊이 들어 있어야 되는데 그게 없어. 우리는 죽이는 것에만 익숙해져 있어. 뭐 사회구조가 그렇게 만들었지. 반공 교육에서부터 너무

노출이 되어 있어서. 그래서 이제는 생명평화 교육이 아주 절실히 요구돼. 반공 교육이 죽음과 죽여도 된다는 정당성 교육이라면, 생명평화 교육은 생명을 살리고 고취시키는 거지." (인터뷰 Ⅲ, 2019)

마지막으로 피해자들은 다름과 공존의 가치를 역설했다. 반공주의의 가해자와 피해자는 모두 이념의 피해자들이라고 할 수 있다. 그러나 한쪽 집단이 다른 한쪽 집단을 억압하는 방식의 정치학은 평화로운 국가에 방해가 된다. 반공을 실천한 집단들이 호국이라는 이름으로 기억되고 자유민주주의의 수호를 외치지만 이러한 호전적인 모습들은 평화와 통합에 아주 중요한 걸림돌이 된다. 그렇다고 해서 피해자들이 상대 집단들의 정치적 힘을 전복시키려는 것은 아니다. 오히려 피해자들은 역사적 악행을 올바로 기억하되 악한 역사는 과거에 묻어 두고 이제는 새로운 사회로 나아가길 원하고 있었다. 그것은 체제의 전복이 아닌 공존과 인정이었다.

"제일 중요한 것은, '다름'에 대한 포용력, 증오심을 버려야 해. 나와 다르면 그게 죽여야 되는 이유가 되어 왔는데 우리나라는.

특별히 권력자들이 그걸 악용해 왔고. 나라가 제대로 된 나라라면, 많은 다름이 함께 공존해야 해. 그렇지 않으면 그 사회는 절대로 발전이 없어." (인터뷰 Ⅲ, 2019)

"이제는 극복해야 합니다. 다 같은 대한민국 국민인데 더 이상 이렇게 나뉘어져서는 안 돼요. 그쪽에서 인정을 하면 우리도 인정을 하고 다 같이 인정을 하면서 살아가야 합니다." (인터뷰 Ⅰ, 2019)

이처럼 세 명의 피해자들은 폭력과 이념을 넘어서는 평화로운 세상에 대한 희망을 통해 그들의 고통과 트라우마를 극복해갔다. 평화로운 세상은 보복적 행위로만 만들어질 수 있는 것이 아니다. 폭력은 폭력을 불러오기 때문이다. 오히려 피해자들이 바라는 평화적 세상은 어떠한 이념에 의해 사람이 죽는 일이 없고 차별 없는 세상이며 보복적 행위에 의한 폭력도 없는 세상이다. 그들이 당한 피해는 인정되어야 하고 기억되어야 하지만 그렇다고 복수를 위한 발판으로 삼을 수는 없다. 평화세상을 위해서는 국가는 이제 평화정치로 나아가야 한다. 다름을 인정하고 생명을 소중히 다룰 줄 아는 정치적 감수성이 확산되어야 한다. 그것은 평화교육으로 가능할 것일진대 평화교육은 평화를 위한 중요한 징검다리다. 이러한 정치적·내재적 반성이 실현될 때 국가는 안전하며 사회는 통합될 수 있다고 세 명의 피해자들은 이야기한다.

7. 결론: 평화적 보훈을 향하여

국가 폭력 피해자들은 분단 상황에서 발전된 자유민주주의의 수호가 국가를 형성하고 국민적 정체성을 부여할 때, 경계의 밖에서 구조적인 폭력에 의해 차별당한 보이지 않은 국민이었다. 이들이 보기에 보훈은 반공주의와 크게 다르지 않았다. 전쟁에서 자신의 가족은 학살당했고 죽음은 철저히 망각되었다. 사회적 삶은 호락호락하지 않았다. 연좌제라는 족쇄가 자신들의 삶을 완전히 불구로 만들었다. 자유민주주의를 수호한다는 것, 국가를 사랑한다는 것, 사회를 통합해야 한다는 수사학들이 이들에게는 폭력에 더 가까웠다. 피해자들의 이야기는 전쟁과 호국만을 기념하는 행위에 대한 철저한 방어 지점이다. 국가를 위한 희생은 기억되지만 국가에 의한 희생이 기억되지 않는 보훈의 작업에 대하여 경각심을 불러 일으키고 있다. 이들의 내러티브가 반국가적인 내러티브를 생산하지는 않더라도 이들의 삶의 이야기는 일편적 보훈 담론에 대한 반대 담론으로서 승리자의 정의와 승리자만을 기억하는 것에 대한 경계인 것이다.

그럼에도 국가 폭력의 희생자들은 반국가적인 사상과 신념만을 소유하는 것은 아니었다. 분단의 구조 안에서 국가는 자신의 가족을 학살하고 사회는 자신들을 완전히 배제했을지라도 자신들이 살아가야 할 곳은 바로 그 국가다. 국가가 그들을 기억하지 않았고 고통을 인정하지 않았을 뿐만 아니라 가해 사실조차도 인정하지 않았지만 피해자들은 언젠가는 자신들의 억울함이 인정될 날을 기대하고 있었다. 세 명의 피해자들은 바로 이러한 사회의 변혁을 기대했다. 그들이 보기에 민주 사회에서 국가의 의무는 국가가 행한 과오를 직면하고 그에 희생당한 국민들에게 응당한 대가를 취해 주는 것이다. 국가는 사회적 전환의 주체인 것이다.

요컨대 보훈이 평화적인 것이 되려면 호국-보훈-민주라는 울타리 밖에 있는 희생자들의 고통을 기억하고 그들에 대한 국가 차원의 사과와 인정 행위가 반드시 필요하다. 때로 이러한 행위는 서로 다른 이해 집단들 사이에 적대적 분위기를 만들어 내거나 불편한 진실을 드러내는 작업을 요청한다. 하지만 평화적 보훈은 역사적 불편함을 넘어 인정의 정치 안에서 새롭게 갱신되어야 하며, 진정한 사회 통합을 위한 과제는 국가 폭력의 희생자들을 기억하고 그들을 배제하지 않는 것에서 시작할 수 있다. 이는 국가에 의해 희생된 희생자들의 피해 사실과 그들의 고통을 함께 기억해 주는 것, 그리고 이를 호국영웅들과 함께 기억해주는 공동체적 행위가 되어야 한다. 이 공동체적 작업을 통해 초대받지 못한 기억은 주체적인 역사적 서술로서의 피해자들의 기억이 되어 평화적 보훈에 중요한 가교 역할을 한다. 희생자들의 삶의 이야기는 일차적으로는 쇼비니즘적 보훈을 경계하고 그 이후에는 폭력에 대한 경계로 발전되어 평화적 공존을 주장하는 것이다. 따라서 국가 폭력 희생자들의 관점에서 보는 폭력과 보훈에 대한 서술은 평화적 보훈의 시작점이라고 할 수 있다.

이와 같이 세 명의 국가 폭력 피해자들은 민주적이고 평화적인 보훈의 가능성들을 열어 준다. 그것은 평화와 공존이라는 가치들을 어떠한 목적을 위해 기계적으로 연결하는 것이 아니라 고통의 삶을 살아가는 집단들을 인정하고 그로서 나라사랑과 사회 통합의 실질적 단계들을 밟아 가는 것이다.

보훈, 평화로의 길

임수진_ 보훈교육연구원

'보훈'과 '평화'는 모두 멀리서 볼 때는 당연하고 단순한 말 같지만 심층적인 개념화 단계로 넘어가면 명확히 규정하기 어려운 지점이 존재한다. 본서에서도 확인할 수 있듯이, 보훈과 평화라는 주제를 연구하는 여러 학자들 역시 각자 그 개념의 규정과 이해에 약간씩 차이를 보인다. 일반적으로 '보훈'이 우리 국가와 사회의 건립과 발전에 기여하는 주요한 공로를 가리킨다면, 평화는 우리 국가와 사회 내 다양한 형태의 폭력과 압제를 약화 또는 무력화하는 다양한 사유와 행위들을 가리킨다고 할 수 있다.

　이보다 더 구체적으로 들어가 보면. 보훈에 대해서는 '호국보훈'을 강조하며 국토의 수호를 최대 가치로 이해하는 이들도 있고, 모든 개인이 평등하고 자유로운 생활을 보장받는 '민주 사회의 건설'을 최대 가치로 이해하는 이들도 있다. 평화 역시 마찬가지다. 평화를 '물리적인 폭력이 없어지는 형태'로 이해하는 이들도 있고, 더 적극적인 차원에서 '사람이 사람을 억압하는 폭력적 구조의 타파'로 이해하는 이들도 있다.

　이렇게 보훈과 평화에 대한 논의가 다양하다면, 평화의 연결고리는 어디에서 찾을 수 있는가? 먼저 보훈과 평화는 사회와 국가의 구조·체계뿐 아니라, 역사와 문화에 주요한 관심을 가진다는 점에서 많은 부분 닮아 있다. 또한 보훈과 평화가 적용되는 주요한 주체가 개인과 집단 그리고 사회와 국가이기 때문에, 이들은 나와 내 옆의 이웃과 연결되는 주요한 사유의 대상이자 실천의 대상이라는 점에서 닮아 있기도 하다. 그러나 사회와 국가를 이루는 주체인 개인과 집단의 본질적인 다양성으로 인해 보훈과 평화에 대한 상이한 이해가 긴장과 갈등을 노정하기도 한다. 보훈과 평화를 깊게 생각하면 할수록 어렵고 복잡하다. 그러나 그래서 다채롭고 흥미 있기도 하다. 보훈과 평화를 중심으로 생각할 수 있는 분야가 다양할 뿐 아니라, 관계하는 개인과 집단 역시 다양하므로, 이들을 하나하나 살펴보고 주요한 쟁점들을 파악하는 일은 사유의 차원에서도 의미 있는 일일 것이다. 뿐만 아니라 우리 사회의 역사와 현실을 이해하고 파악하는 데에도 효과적일 뿐 아니라 유의미한 일이라 논할 수 있다. 보훈과 평화라는 주제를 통해 우리는 과거 전투와 전쟁의 역사로부터 현 시점에서 나타나는 차별과 배제의 현상, 즉 과거 우리 사회가 경험한 다양한 사건뿐 아니라 현재 우리 사회가 직면해 있는 여러 어려움들까지도 이 둘의 교집합 속에서 함께 생각해 볼 수 있다.

『보훈, 평화로의 길』에는 보훈과 평화를 중심으로 생각할 수 있는 우리 사회 속 다양한 주제들이 담겨 있다. 이 책에서는 국민·사회 통합의 주제부터, 이를 통해 반문할 수 있는 사회 속 갈등의 역사와 사례들까지, 폭넓고 다양한 내용을 제시하고 질문하고자 하였다.

개인, 집단에 따라 경험하는 삶의 여정과 배경이 다르기 때문에 보훈과 평화를 중심으로 생각할 수 있는 구체적인 사건과 가치는 다를 수 있다. 그러나 보훈과 평화의 지향이 우리 사회와 국가를 살아가는 개개인들이 더욱 안정적이고 자유롭게 생활할 수 있는 삶의 환경을 구축하는 것이라는 점을 고려하면, 보훈과 평화의 연결 또는 교차의 지점을 분명히 인식할 수 있을 것이다.

이 책에서 보훈과 평화를 중심으로 펼쳐지는 다양한 논의의 스펙트럼을 확인하고, 독자의 사유를 통해 보훈과 평화에 대해 좀 더 구체적인 관심과 이해가 구축될 수 있기를 바란다. 보훈과 평화가 우리 생활 곳곳에 있으며, 현재에도 또 미래에도 계속적으로 사유하고 논의해야 할 주요한 주제라는 사실을, 『보훈, 평화로의 길』을 읽으며 공감할 수 있게 되기를 바란다.

▫ 삼각뿔 보훈: 독립-호국-민주의 조화와 국민 통합의 논리_이찬수
(같은 제목의 글을 『보훈연구』 10(2)에 논문으로 게재한 바 있다.)

국가보훈처. 2011. 『보훈50년사: 1961-2011』, 국가보훈처.

김구. 양윤모 역. 2017. "나의 소원", 『백범 일지』, 더스토리.

김병로. 2016. 『북한, 조선으로 다시 읽다』, 서울대학교출판문화원.

김삼웅. 2019. 『약산 김원봉 평전』, 시대의창.

김태우. 2013. 『폭격: 미공군의 공중폭격 기록으로 읽는 한국전쟁』, 창비.

남기정. 2021. "전쟁 가능한 나라 일본? 미국이 원하기 때문", 「프레시안」
　　　　(2021.2.2. https://www.pressian.com/pages/articles/2021020212484668449)

박명규. 2012. 『남북 경계선의 사회학』, 창비.

박명림. 2021. "보훈의 미래를 위한 제언④ 국제보훈, 보훈의 새지평", 「나라사
　　　　랑신문」 제911호(2021.04.01.).

보훈교육연구원. 2020. 『남에서 북을 다시 보다: 탈북 박사들이 보는 북한의
　　　　보훈』, 모시는사람들.

이삼성. 2018. 『한반도의 전쟁과 평화』, 한길사.

이정식·한홍구. 1986. 『항전별곡: 조선독립동맹자료1』, 거름.

이찬수. 2021a. "평화 지향의 보훈", 「나라사랑신문」(908호, 2021.01.01.)

이찬수. 2021b. "남북 교류와 협력의 평화론적 해석", 남영호 엮음, 『안보의 논
　　　　리, 평화의 논리』, 에테르.

이찬수. 2020a. "한국적이면서 세계적인: 평화적 보훈의 가능성", 보훈교육연

구원 기획, 『보훈의 여러 가지 얼굴』, 모시는사람들.

이찬수. 2020b. "남과 북의 문화적 상통성과 한반도의 평화", 『아시아의 공동
체와 평화, 열 가지 시선』, 모시는사람들.

이찬수. 2016a. 『한국을 다시 묻다: 한국적 정신과 문화의 심층』, 모시는사람들.

이찬수. 2016b. 『평화와 평화들: 평화다원주의와 평화인문학』, 모시는사람들.

이효원. 2018. 『평화와 법』, 모시는사람들.

임수진. 2021. "북한 사회의 집단적 자기화-타자화 담론 연구", 서울대학교대
학원 사회학과 박사학위논문.

장경섭. 2009. 『가족·생애·정치경제: 압축적 근대성의 미시적 기초』, 창비.

전진성. 2020. "현충과 추모 사이: 국가는 어떻게 사회적 기억에 개입해야
하는가", 『국가의 기억과 돌봄: 국민중심의 보훈을 위한 과제와 개
혁 방안』, 인권연대·김종민의원실·제윤경의원실 공동 정책토론회
(2020.05).

정승철. 2020. "안보". 김성철·이찬수 편, 『평화의 여러 가지 얼굴』, 서울대학
교출판문화연구원.

한상도. 2006. 『대륙에 남긴 꿈: 김원봉의 항일역정과 삶』, 역사공간.

Galtung, Johan. 강종일 외 역. 2000. 『평화적 수단에 의한 평화』, 들녘.

Radzik, Linda & Colleen Murphy. 2019. "Reconciliation", *The Stanford Encyclo-
pedia of Philosophy*, Fall 2019 Edition, ed. by Edward N. Zalta(=https://
plato.stanford.edu/entries/reconciliation)

Schumaker, Paul. 조효제 역. 2010. 『진보와 보수의 12가지 이념』, 후마니타스.

□ **우리 사회 평화에 대한 보훈의 역할**_ 서운석

국가보훈처. 2011. 『보훈 50년사』, 서울: 국가보훈처.

권혁철. 2018. "왜 한국인은 평화라는 말에 비둘기 먼저 떠올릴까", 『한겨레』 8
월 16일.

김종성. 2005.『한국보훈 정책론』, 서울: 일진사.

김종성. 2017. "국가유공자 보상 및 예우 강화",『행정포커스』130.

박주화 외. 2018.『평화의 심리학: 한국인의 평화인식』, 서울: 통일연구원.

서운석 외. 2016.『보훈선양의식의 현황과 과제: 광복 70년간 우리 사회의 보훈선양의식 고찰』, 수원: 보훈교육연구원.

서운석. 2014. "호국인물 선양 현황과 정책 방안: 중등 역사 교과서 분석을 중심으로",『보훈연구』3(2).

서운석. 2016. "주요 OECD국가들의 보훈선양의식 분석",『한국보훈논총』15(2).

서운석. 2018. "19대 정부 초기 선양정책 검토",『공공사회연구』8(2).

서운석. 2020a.『가족과 함께하는 보훈교실』, 서울: 모시는사람들.

서운석. 2020b. "중국지역 독립유공자 및 후손의 선양정책 연구",『한국보훈논총』19(3).

조형근. 2020. "레지스탕스를 추모하는 법",『한겨레』8월 24일.

한겨레. 2019. "국민들, 3·1운동 핵심정신 1순위로 친일 청산 꼽았다", 1월 1일: 3.

한시준. 2016. "백범 김구의 자주독립·통일국가 건설과 세계 평화의 꿈"『동양학』62.

□ **북한의 보훈:《로동신문》을 통해 본 '평화적 보훈' 구축의 가능성**_임수진

강채연. 2020. "광복 75년사 북한 '보훈(공로)'제도의 변천: 공백과 접점",『평화학연구』21(3).

곽승지. 1998. "북한의 '우리식 사회주의' 논리에 대한 고찰: 체제적 측면을 중심으로",『북한연구학회보』2(1).

권기숙. 2011. "러시아 보훈 제도의 특성 연구: 사회보장제도를 중심으로",『한국보훈논총』10(1).

김병로. 2020. "자위로서의 평화: 북한의 평화개념." 이찬수 외,『세계평화개념사』, 고양: 인간사랑.

김일성. 1968. "우리의 인민군대는 로동계급의 군대. 혁명의 군대이다. 계급적
　　　정치교양사업을 계속 강화하여야 한다(1963.2.8.)", 『김일성저작선집
　　　3』, 평양: 조선로동당출판사.

김일성. 1980. "국토의 완정과 조국의 통일을 위하여 궐기하자(1949.1.1. 신년
　　　사)", 『김일성저작집 5』, 평양: 조선로동당출판사.

김종성. 2005. 『한국보훈 정책론』, 서울: 일진사.

서동만. 2005. 『북조선사회주의체제성립사: 1945-1961』, 서울: 선인.

와다 하루끼 지음. 고세현 역. 1992. 『역사로서의 사회주의』, 서울: 창작과 비
　　　평사.

유영옥. 2009. 『각국의 보훈 정책비교론』, 서울: 홍익재.

유영옥. 2011. "러시아 보훈 정책의 상징성", 『한국보훈논총』 10(1).

윤황. 2003. "북한의 보훈 제도에서 나타난 상징에 관한 연구", 『한국보훈논
　　　총』 1(1).

이종석. 2018. "2. 김정일 후계 체제의 등장과 유일체제의 확립", 『북한의 역사
　　　2: 주체사상과 유일체제 1960-1994』, 서울: 역사비평사.

이찬수. 2019. "감폭력(減暴力)의 정치와 평화의 신학", 한국문화신학회 엮음,
　　　『평화의 신학』, 서울: 동연.

임수진. 2021. "북한의 집단적 자기화·타자화 담론 연구", 서울대 박사학위논문.

정성장. 2006. "1. 통치이념", 『북한의 사상과 역사인식』, 서울: 한울.

정신철. 2005. "중국 보훈 제도. 『세계속의 보훈(중국. 일본편)』, 서울: 국가보훈처.

정일영. 2018. 『북한 사회통제 체제의 기원』, 서울: 선인.

진희관. 2013. "북한의 대일인식과 재일총련 정책 변화 연구:《로동신문》기사
　　　목록(1946~2010) 분석과 50년대 정책 변화를 중심으로", 『통일문제연
　　　구』 59.

현인애. 2020. "북한의 보훈: 정치적 보상." 이철 외, 『남에서 북을 다시 보다』,
　　　서울: 모시는사람들.

"(사설) 미제는 침략과 전쟁 책동을 그만두고 남조선에서 지체없이 물러가야

한다." 《로동신문》 1983년 3월 1일, 1면.

"[사설] 미제의 북침핵전쟁도발책동을 단호히 짓부셔버리자." 《로동신문》 2017
년 6월 25일, 1면.

《조선인민은 미제를 타승한 영웅적인민》 《로동신문》 1980년 7월 27일, 6면.

"2020년 북한법령집 상·하권." 국가정보원 〈nis.go.kr:2016/AF/1_2_1.do〉

"경애하는 최고령도자 김정은동지께서 문재인대통령과 함께 대집단체조와 예
술공연을 관람하시였다." 《로동신문》, 2018년 9월 20일, 3면.

"교육과 문화예술은 사람들의 혁명적세계관을 세우는데 이바지하여야 한다
(1970.2.17.)", 『사회주의교육학에 대하여』(평양: 조선로동당출판사. 1968).

"국가공로자에 대한 사회보장규정 승인에 대하여(1956.2.5.)", 《로동신문》 1956
년 2월 5일, 1면

"김영삼은 인간쓰레기. 천벌을 받아야 할 악한", 《로동신문》 1994년 8월 26일,
5면.

"로씨야외무성 미국이 제재를 배격", 《로동신문》 2019년 3월 18일, 6면.

"미국대학생들의 채무액 최고기록", 《로동신문》 2018년 12월 21일, 6면.

"미제는 평화의 원쑤. 침략의 원흉", 《로동신문》 1987년 9월 25일, 6면.

"미제의 식민통치에 종지부를 찍자: 〈현 파쑈집단은 신제국주의의 앞잡이〉",
《로동신문》 1982년 10월 28일, 5면.

"반제반봉건민주주의혁명의 위대한 강령", 《로동신문》. 1971.3.22., 2면.

"수령결사옹위정신", 《로동신문》 1996년 4월 10일, 4면.

"숨은 영웅들처럼 투쟁하며 전진하리", 《로동신문》 1982년 9월 28일, 4면.

"신년사", 《로동신문》 2018년 1월 1일, 1-2면.

"악랄해지는 미제의 사상교란전", 《로동신문》 1985년 8월 11일, 6면.

"온 민족의 대단결에 통일이 있다", 《로동신문》 2017년 7월 20일, 6면.

"조선반도의 평화와 통일을 위한 진로가 무엇인지 똑똑히 알아야 한다", 《로동
신문》 2017년 7월 15일, 5면.

"천리마작업반운동을 힘차게 벌려 소대전원이 로력영웅으로 되였다", 《로동
신문》 1974년 3월 1일, 4면.

"천만의 격노한 웨침--마지막 한놈까지 짓뭉개버리자", 《로동신문》 2013년 3
　　월 31일, 3면.
"패권주의로 초래되는 국제적인 반미기운", 《로동신문》 2018년 9월 30일, 6면.

국가정보원 홈페이지. "2020년 북한법령집 상·하권." 〈nis.go.kr:2016/
　　AF/1_2_1.do〉
위키백과. 〈https://ko.wikipedia.org/wiki/%EC%9C%84%ED%82%A4%EB%
　　B0%B1%EA%B3%BC:%EB%8C%80%EB%AC%B8〉
통일부 통일교육원 홈페이지. 〈https://www.uniedu.go.kr/uniedu/home/
　　brd/bbsatcl/nknow/list.do〉

□ **보훈-갈등전환-평화의 선순환**_ 허지영

김종훈. 2019. "세월호 수사단 설치, "찬성 57.6%"…20대는 75% 압도적." 오마
　　이뉴스 (4월 17일). https://news.nate.com/view/20190417n04324?mid
　　=n0410&isq=10201
김주환. 2015. "보훈이념을 통해서 본 대한민국의 국가 정체성 연구: 국가 정
　　체성 구성요소들 간 갈등 사례를 중심으로", 『한국보훈논총』 14(2).
김주환. 2019. "문재인정부의 보훈 정책: 보훈이념의 가치와 국가 정체성을 중
　　심으로", 『한국보훈논총』 18(2).
윤해동. 2012. "뉴라이트 운동과 역사인식 - '비역사적 역사'", 『민족문화총론』 51.
이우영. 2012 "남남갈등은 어떻게 만들어졌나," 프레시안(7월 5일) (검색일: 2021.
　　7.1). https://www.pressian.com/pages/articles/39121#0DKU
이유정. 2020. "최장집, 문정부에 쓴소리 폭주형 원조 정책, 북 응하지 않을
　　것", 《중앙일보》(10월 28일) (검색일: 2021. 07.5). https://news.joins.
　　com/article/23905190
최성경. 2019. "북아일랜드의 사회치유기관", 전우택·박명림 편, 『트라우마와

사회치유』서울:역사비평사.

탁지영. 2021. "'미 점령군' 논쟁, 역사학자들에게 물어보니",《경향신문》(7
월 5일) (검색일: 2021. 08. 28) https://m.khan.co.kr/politics/politics-
general/article/202107051713001#c2b

허지영. 2021. "고질갈등 이론과 남북관계", 『12개 이론렌즈로 보는 남북관
계』, 서울: 박영사.

KBS 남북교류협력단. 2020. 『2020년 국민통일의식조사』(검색일 2021. 6. 22).

https://office.kbs.co.kr/tongil/wp-content/uploads/sites/11/2020/11/%EC%
9B%B9%EC%9A%A92020-%EA%B5%AD%EB%AF%BC-%ED%86%B5%EC
%9D%BC%EC%9D%98%EC%8B%9D-%EC%A1%B0%EC%82%AC.pdf

Anderson, B. 1983. *Imagined Communities*, London: Verso.

Bar-Tal, D. & Halperin E. 2013. The Psychology of Intractable Conflicts:
Eruption, Escalation, and Peacemaking. In Huddy L., Sears D.O.
& Levy J.S. eds. *The Oxford Handbook of Political Psychology*.
Oxford: Oxford University Press. DOI: 10.1093/oxfordhb/
9780199760107.013.0028

Bar-Tal, D. 1998a. "Social Beliefs in Times of Intractable Conflicts: The Israel
Case." *International Journal of Conflict Management* 9(1), 22-50.

Bar-Tal, D. 1998b. "The Rocky Road toward Peace: Beliefs on Conflict in
Israeli Textbooks." *Journal of Peace Research* 35(6), 723-742.

Bar-Tal, D. 2013. *Intractable Conflicts: Socio-psychological Foundations and
Dynamics*. Cambridge: Cambridge University Press.

Bar-Tal, D. 2019. "Transforming Conflicts: Barriers and Overcoming Them."
In Elman, M.F., Gerard, C., Golan, G. & Kreisberg, L. eds. *Over-
coming Intractable Conflicts: New Approaches to Constructive
Transformations*. London & New York: Rowman & Littlefield
International Ltd., 221-242.

BBC World Service. 2016. "Global Poll: Global Citizenship a Growing

Sentiment among Citizens of Emerging Countires." https://
globescan.com/images/images/pressreleases/BBC2016-Identity/
BBC_GlobeScan_Identity_Season_Press_Release_April%2026.pdf

Bentrovato, D. 2016. "Whose Past, What Future? Teaching Contested
Histories in Contemporary Rwanda and Burundi." In Bentrovato, D.,
Korostelina, K.V. & Schulze, M. eds., *History Can Bite: History Edu-
cation in Divided and Postwar Societies*. Gottengen: V&R Unipress,
221-242.

Bentrovato, D. 2017. "History Textbook Writing in Post-conflict Societies:
From Battlefield to Site and Means of Conflict Transformation."
In Psaltis, C., Carretero, M. & Cehajic-Clancy S. eds., *History
Education and Conflict Transformation*. Palgrave MacMillan, 37-76.
ISBN 978-3-319-54681-0.

Bercovitch, J. 2005. Mediation in the Most Resistant Cases. In Crocker C.A.,
Hampson H.A. & Aall P.R. eds., *Grasping the Nettle: Analyzing
Cases of Intractable Conflict*, Washington D.C.: United States
Institute of Peace Press, 99-121.

Chhabra, M. 2016. "A Social-Psychological Perspective on Teaching a
Historical Event of Collective Violence: The Case of the 1947 British
India Partition," In Bentrovato, D., Korostelina, K.V. & Schulze, M.
eds., *History Can Bite: History Education in Divided and Postwar
Societies*. Gottengen: V&R Unipress, 243-256.

Cobb, S. 2013. *Speaking of Violence: The Politics and Poetics of Narratives
in Conflict Resolution*. Oxford: Oxford University Press.

Connor, W. 1978. "A Nation is a Nation, is a State, is an Ethnic Group, is …."
Ethnic and Racial Studies 1(4), 377-400.

Hammack, P.L. & Pilecki, A. 2012. "Narrative as a Root Metaphor for
Political Psychology." *Political Psychology* 33(1), 75-103.

Heo, J.Y. 2020. Contentious Narratives on National Identity of South Korea: How to Understand the Self and the Significant Others, North Korea and the United States. Ph.D. Disseratation. Department of Political and Social Science, Freie University Berlin.

Kelman, H.C. 1999. "The Interdependence of Israeli and Palestinian National Identities: The Role of the Other in Existential Conflicts." *Journal of Social Issues* 55(3), 581-600.

Kelman, H.C. 2007. Social-psychological Dimensions of International Conflict. In Zartman, I.W. ed., *Peacemaking in Intractable Conflict: Methods and Techniques*. Washington D.C.: United States Institute of Peace, 61-107.

Korostelina, K.V. 2016. History Education in the midst of Post-conflict Recovery: Lessons Learned. In Bentrovato, D., Korostelina, K.V. & Schulze, M. eds., *History Can Bite: History Education in Divided and Postwar Societies*. Gottengen: V&R Unipress, 289-310.

Kreisberg, L. "The State of the Art in Conflict Transformation," In B. Austing, B., Fischer, M., Giessmann H,J. eds., *Advancing Conflict Transformation. The Berghof Handbook II*, Oplanden/Framington Hills: Barbara Budrich Publishers, 2011.

Kreisberg, L., Northrup, T. & Thorson S. eds., 1989. *Intractable Conflicts and Their Transformation.* New York: Sycacuse University Press.

Liu J.H. & Hilton D.J. 2005. "How the Past Weigh on the Present: Social Representations of History and Their Role in Identity Politics." *British Journal of Social Psychology* 44, 537-556.

Nets-Zehngut, R. & Bar-Tal, D. 2014. "Transformation of the Official Memory of Conflicts: A Tentative Model and the Israel Memory of the 1948 Palestinian Exodus." *International Journal of Politics, Culture, and Society* 27, 67-91.

Rosler, N. 2019. "The Creation of Space for Conflict Change: Context, Society, and Leadership in Northern Ireland during the 1990s." In Elman, M.F., Gerard, C., Golan, G. & Kreisberg, L. eds. *Overcoming Intractable Conflicts: New Approaches to Constructive Transformations*. London & New York: Rowman & Littlefield International Ltd., 123-142.

Shin, G.W. 2012. "Identity Politics and Policy Disputes in U.S.-Korea Relations." *Political Science Quarterly* 127(2), 289-310.

Suh, J.J. 2004. "Bound to Last? The U.S.-Korea Alliance and Analytical Eclecticism." In Suh J.J., Katzenstein P.J. & Carlson A. eds., Rethinking Security in East Asia: Identity, Power, and Efficiency. Standford: Standford University Press, 131-171.

Triandafyllidou A. 1998. "National Identity and the 'Other'." *Ethnic and Racial Studies* 21(4), 593-612.

Wendt, A. 1992. "Anarchy in What States Make of It: The Social Construction of Power Politics." *International Organization* 46(2), 391-425.

https://globescan.com/images/images/pressreleases/BBC2016-Identity/BBC_GlobeScan_Identity_Season_Press_Release_April%2026.pdf

□ **로컬의 보훈과 기억: 강릉고등학교 두 추모비 이야기_** 이동기

김성수 열사기념사업회 자료 파일 I, II.

강릉고등학교. 2021. 2021년도 민주시민교육 운영계획.

강릉고등학교 특색교육부. 2021a. 인성레터, 2021년 6월호.

강릉고등학교 특색교육부. 2021b. 물망초통신, 2021년 1호-4호.

강릉고등학교총동창회. 2012. 『강릉고등학교 50년사 1961-2011』, 강릉: 강릉고등학교 50년사 편찬위원회.

강원도교육청. 2020. 『슬기로운 시민여행』, 춘천: 강원도교육청.

이기형. 2000.『여운형 평전』, 서울: 실천문학사.

이재승. 2020. "보훈법의 범주와 새로운 도전", 보훈교육연구원 기획, 이찬수, 전
　　수미, 이재승 외 지음,『보훈의 여러 가지 얼굴』, 서울: 모시는사람들.

이용재. 2020. "죽은 자가 산 자를 움직인다", 보훈교육연구원 기획, 김상돈,
　　서운석, 윤승비 외 지음,『보훈 3.0: 시민과 함께 보훈 읽기』, 서울: 모
　　시는사람들.

이찬수. 2020a. "한국적이면서 세계적인: 평화적 보훈의 가능성." 보훈교육연
　　구원 기획, 이찬수, 전수미, 이재승 외 지음,『보훈의 여러 가지 얼굴』,
　　서울: 모시는사람들.

이찬수. 2020b. "서론: 보훈, 통일에 기여하기 위하여", 통일연구원·보훈교육
　　연구원 기획, 이찬수, 김희정, 임상순 외 지음,『통일로 가는 보훈』, 서
　　울: 모시는사람들.

전수미. 2020. "남한의 보훈과 한반도 통일", 통일연구원·보훈교육연구원 기
　　획, 이찬수, 김희정, 임상순 외 지음,『통일로 가는 보훈』, 서울: 모시
　　는사람들.

전순석. 2014. "1977년 6월 21일 오전 10시, 그 날 그 순간",『초당: 강릉고 총동
　　창회 특집 회보』, 강릉.

정문식. 2003.『우리들의 젊은 영웅』, 서울: 백암.

인터뷰(2021년 6월-9월): 최종선(강릉고등학교 교장), 김민숙(강릉고등학교 특색교육부
　　장), 홍진선(김성수 열사기념사업회 대표), 이요한(김성수 열사기념사업회 사
　　무국장), 정연범(전 강릉고 총동창회 사무총장), 최승룡(강원도 교육지원청장)

뉴스타파, 2021.

□ **보훈의 뒤안길: 국가 폭력 희생자의 관점에서 보는 평화적 보훈에 대하여**_강혁민

Brewer, John et al. (2018) The Sociology of Everyday Life Peacebuilding
　　(Cham, Palgrave Macmillan).

Chase, Susan E. (2011) 'Narrative Inquiry: Still a Field in the Making'. edited by Norman K. Denzin and Yvonna S. Lincoln, 421-34 (London; Thousand Oaks; New Delhi; Singapore: SAGE).

Connelly, F. Michael, and D. Jean Clandinin. (1990) 'Stories of Experience and Narrative Inquiry'. Educational Researcher 19, no. 5. 2-14.

Creswell, John W. (2007) Qualitative Inquiry and Research Design: Choosing among Five Approaches. 3rd ed. Thousand Oaks: SAGE Publications.

Donald E. Polkinghorne, Narrative Knowing and the Human Science (Albany: State University of New York Press, 1988).

Hammack, Phillip L., and Andrew Pilecki. 'Narrative as a Root Metaphor for Political Psychology'. Political Psychology 33, no. 1 (2012): 75-103.

Hammack, Phillip L. 'Narrative and the Cultural Psychology of Identity'. Personality and Social Psychology Review 12, no. 3 (2008): 222-47.

Mani, Rama. (2005). Rebuilding an Inclusive Political Community After War. Security Dialogue. 36(4). 511-526.

Shepherd. Laura, J. Victims of violence or agents of change? Representations of women in UN peacebuilding discourse, Peacebuilding, 4(2): 121-135. 2016.

Staub, Ervin. (2005) Constructive Rather Than Harmful Forgiveness, Reconciliation, and Ways to Promote Them After Genocide and Mass Killing. In Everett L. Worthington, Jr. (ed.), Handbook of Forgivenss (New York: Routledge, 2005), 443-460.

Vollhardt, Johanna. Ray. (2009). Altruism Born of Suffering and Prosocial Behaviour Following Adverse Life Events: A Review and Conceptualization. Social Justice Research. 22. 53-97.

Vollhardt, Johanna. Ray, & Staub, Ervin. (2011). Inclusive Altruism Born of Suffering: The relationship between adversity and prosocial attitudes and behaviour towards disadvantaged outgroups. *American Journal of Orthopsychiatry*. 81(3). 307-15.

Vollhardt, Johanna Ray., & Bilali, Rezarta. (2015). The Role of Inclusive and Exclusive Victim Consciousness in Predicting Intergroup Attitude: Findings from Rwanda, Brundi, and DRC. *Political Psychology*. 36(5). 489-506.

Vollhardt, Johanna Ray. (2015). The Role of Victim Beliefs in the Israel-Palestine Conflict: Risk of Potential for Peace? Peace and Conflict, 15: 135-159. 2009.

강성현, 2013. '아카'(アカ)와 '빨갱이'의 탄생 – '적(赤-敵) 만들기'와 '비국민'의 계 보학, 『사회와역사』(100).

강혁민, 2020. '내러티브 이론으로 보는 피해자 회복탄력성 연구', 『피해자학연 구』제 28권 제 3호.

김무용, 2011. '과거청산 작업에서 진실말하기와 대항 내러티브 주체의 형성', 『한국사연구』153.

김주환, 2012. '보훈이념의 내재적 가치 훼손과 해결방안: 국가유공자 자격을 둘러싼 갈등을 중심으로', 『한국보훈논총』제 11권 제 3호.

김주환, 2013. '보훈이념의 내재적 갈등과 국민 통합을 위한 Grand Bargaining: '민주발전'의 가치 훼손과 '국가수호'의 가치 훼손 사례를 중심으로', 『한국보훈논총』제 12권 제 1호.

이동진, 2014. '국민과 비국민의 경계-피학살자유족회 사건을 중심으로', 『사회 와역사』(101).

최정기, 2010. '한국전쟁기 민간인들의 고통과 국민/비국민의 경계짓기-한국 전쟁기 지역별 민간인피해자 조사결과를 중심으로-', 『현대사회과학 연구』14.

보훈교육연구원 보훈문화총서13

보훈, 평화로의 길

등록 1994.7.1 제1-1071
1쇄 발행 2021년 12월 31일

기　획　보훈교육연구원 · 강원대학교 통일강원연구원
지은이　이찬수 서운석 임수진 허지영 이동기 강혁민
펴낸이　박길수
편집장　소경희
편　집　조영준
관　리　위현정
디자인　이주향
펴낸곳　도서출판 모시는사람들
　　　　03147 서울시 종로구 삼일대로 457(경운동 수운회관) 1207호
전　화　02-735-7173, 02-737-7173 / 팩스 02-730-7173
홈페이지　http://www.mosinsaram.com/

인　쇄　(주)성광인쇄(031-942-4814)
배　본　문화유통북스(031-937-6100)

값은 뒤표지에 있습니다.
ISBN　979-11-6629-078-7　　04300
세트　979-11-6629-011-4　　04300